民藝とは何か

柳　宗悦

講談社学術文庫

目次

挿絵目次

凡　例

一、本書の原本は、一九四一年六月、昭和書房より刊行された。

一、本文表記で明らかに誤りと思われるものは訂正した。

一、漢字については、旧字体を常用漢字体に改めた。ただし、「藝」の字と一部の人名は旧字体のままとした。

一、接続詞、副詞、助詞などの漢字を一部平がなに変更した。

一、難読の語、固有名詞、専門用語には振りがなを施した。読点も適宜増やした。

一、歴史的かなづかいは現代かなづかいに改めた。また、送りがなについては、原則として元のままとしたが、統一のため揃えたものもある。

一、「挿絵小註」の所蔵表記で、「民藝館蔵」「民藝館所蔵」「日本民藝館蔵」「日本民藝館蔵品」が混在していたが、「日本民藝館蔵」に表記を統一した。また、「日本民藝館蔵」の作品は、特に断わり書きのないかぎり、現在も日本民藝館蔵である。

民藝とは何か

『民藝とは何か』原本表紙（装幀　芹沢銈介）

序

近時民藝への注意が迅速に拡がって来ました。しかしその真意は必ずしも正しく理解されてはいないのです。それが攻撃される場合にも、弁護される場合にも、たびたび誤って解されているのに廻《めぐ》り会います。それで正しく原《もと》の意味に引き戻すために、この本を世に贈ることに新しい理由を感ずる者です。

私の信念では、将来造形美の問題は必ずや工藝を中心とするに至ると思うのです。中でも民衆と工藝との関係、言葉を換えれば生活と美との交渉が最も重要な問題となるでしょう。その時民藝が何より重大な意義を齎《もた》らすことは疑う余地がないのです。なぜなら人間の日常生活に美を即せしめる道は民藝をおいて他にないのです。その向上と普及とがなくば美の国は決して実現されないでしょう。それに近時地方文化の価値がようやく認識を深めて来ましたが、この場合民藝の意義は一層重要なものとなるでしょう。なぜなら固有の民藝は地方において最もよくその伝統を維持しているからです。日本の独自な国民性を表現するために、民藝はどうあっても繁栄せねばならないのです。

この小篇はいわば民藝論への入門の書です。ですが同時に工藝美論全般への概説ともなるでしょう。私は前から工藝美の意義を明確に平易にかつ簡潔に綴りたい考えがあったのです。なぜならかかる種類の本が未だ全くないのと、しかも今まで考えられている工藝美への見方に、修正すべき多くの点を見出していたからです。

しかし私はこのような本が早く不必要になる日の来ることを、むしろ望んでいます。ここに記された真理が一時的なものであるという意味においてではなく、これが誰も熟知すべき普通の知識とならなければならないからです。今は極めて奇怪だと思われる真理が、早く平凡な常識にまで高められる日の来ることを希《ねが》うからです。しかしかかる日を早く到来させるためには、このような小冊子も一つの重要な役目を勤めるでしょう。今はかかるものが極めて必要なほど、工藝美に関する根本の問題が閑却されているからです。

あの天動説が一般の人々から支持されていた時、地動説は冷笑と罵倒とのうちに弁明を努めねばなりませんでした。しかしかかる弁明が全く不必要となる日は幸いにも来たのです。どこに事新しく地動説を弁護する者がありましょう。そうしてどこに事改めて天動説を非難する者がありましょう。もう真理は常識にまで高められているのです。

ですが工藝の問題、特にその美の問題において、人々はまだコペルニクスの時代以前に彷徨《さまよ》うています。それに対しては強硬な明晰な抗議が必要とされるわけです。私のこの小冊子は同じような必要に迫られて印刷に附せられるのです。私にとっては極めて平明な考想も、最初は非常識と考える人々があるでしょう。なぜなら私が述べようとする趣旨は、一般の人々に一つの価値顛倒《てんとう》を迫るからです。私は私の平凡な思想が、現在でもなおかつ革命的な意味を有《も》つことを省みないわけにはゆきません。

不幸にも不正な時代においては、すべての正しい真理はアポロギア（弁明）に始まります。特に啓蒙的時期においては、かかる弁明が喚求されてきます。私のこの小論も時代を前に進めるための一つの犠牲に外《ほか》なりません。私は満足と自覚とを以て、あえて非難の中にこの著述を委ねようと思います。それはすべて新しい真理を述べる者の光栄ある運命なのです。

人々は私を訝《いぶか》し気に眺めて問います。「雑器に美しさがあろうか、それは結局粗雑な美しさに過ぎないのだ」、ある者はこう云い棄てるようにさえ見えます。何か私が偏頗《へんぱ》な異説を好んでいるようにさえ考えているのです。民藝と云う時、私が何を指しているのかをほとんど了得していないのです。私がその美を力説した時、私は何度次のような愚かな質問を受けたか分りません、「民藝品にだけ美しさがありはしない」と。私が当然払うべき細心な反省は、かってそんな雑駁《ざっぱく》な断定を下した場合はないのです。私は実に民藝という字義から筆を起さねばならない必要に迫られています。

民器と云うと「雑なもの」という聯想《れんそう》が余りに強いのです。人々が有《も》つこの聯想は、常に私の考えを拒避《きょひ》するように見えます。あの太陽が地球を廻ると考えたその考えが、ぬけないのと同じなのです。私はこの惰性を正しい状態に戻すために、ここに順次を立ててできるだけ明瞭な、できるだけ平易な叙述を試みようとしたのです。こんな小篇ではありますが、私は多くの忍耐と注意とを以て、筆を続け稿を改めること、数度に及んだのを告白します。私は私の考えを単なる一時の考想から述べているのではないのです。このことを確信するのに十有余年の経験と観察とが過ぎ去りました。私は観たのです。そうして愛したのです。集めまた用いたのです。そうして考えたのです。日々それ等のものと親しく暮し、見つめてはまた省みたのです。私は私の立言が、よし誤解を受けても、その根底に直観と情愛と理性とを有《も》つことを信じ、安らけさを感じるでしょう。私の立論にもう惑いはないのです。「私を信じてほしい」、もしこれが不遜な言い現わしであっても、私は最後にそう云うよりほかはないでしょう。

　それにまた私一個人にとってもこの民藝の問題から、大きな視野が開けて来ました。ある人は民藝品の如きは、非常に限られた特殊な問題に過ぎぬと云うかもしれません。しかし、そうではないのです。思えば思うほどそれは単に工藝の一問題ではなく、その本質問題であることを解するに至ったのです。しかもそれは美の問題に終るのではなく、直ちに生活や経済や社会や、ひいては道徳や宗教の諸問題にも連関してきます。私は一個の民器に文化の諸問題の明確な縮図を見たのです。これを尋討することは、自然や人間の秘義を解く鍵を与えてくれると思えるのです。私はこの題材に触れることに深い意味を感じました。

それにこの問題への解答は、恐らく私が今日までなし得たささやかな仕事のうち、一番確信のある、それ故人々にも正しい理解を要求していい真理の提出であると思えるのです。否、信じられていい世界の表示であると考えられるのです。

私はこれ等の言葉が礼を失したかを恐れます。ですがすべての事情は大胆な発言を要求するまでに迫っていると思えるのです。私は私の確信を隠蔽すべき何等の積極的理由をも見出すことができないのです。なぜそうだかは本文が語ってくれるでしょう。

この本の最初は『工藝美論』と題して、昭和四年に万里閣から出版されました。越えて同九年補筆して『美と工藝』と改題され、建設社から再刊されました。ここに三たび筆を加え、『民藝とは何か』と題し、「民藝叢書」の第一巻として、新しく版に附するに至ったのです。どんな改冊を加え、どういう趣旨でこの版を上梓したかについて、二三のことを言い添えたく思います。

私はしばしば下手物《げてもの》という俗語を借りて、民間の器物が有《も》つ美的価値を語りました。この言葉は奇異な語調があるためか、たちまち広がって、今は一般に誰の口にも上るに至りました。「下手物展《げてものてん》」などと銘打って広告するのをよく見かけます。今ではむしろ流行語にさえなった傾きが見えます。しかし残念なことには、この俗語は何か奇抜なものを聯想さすと見えて、いつとはなく途方もない不思議な用い方に変って行きました。「下手物趣味」など呼んで、怪奇なものを弄《もてあそ》ぶ意味になったり、何か荒々しいなげやりなものを「下手物」と名づけたりして、勝手気儘な解釈を施すに至りました。

私達はこれを是正し、それを本来の意義に戻そうとたびたび努力しました。しかし言葉が広まるにつれて、その意味はますます乱雑に流れて行きました。それで私達はむしろこの言葉を避けて、これに代る適宜なものを用いる方が、その真意を伝えるのに容易なのを知るに至りました。それで私はこの本において、「下手物《げてもの》」という俗語をほとんど皆棄て去ることにしました。そうして民藝とか民器とかいう言葉を以て、新《あらた》にその意味を説くことが賢明であるのを感ずるに至りました。もっとも「民藝」という言葉とても、色々と誤った解釈を受けてはいますが、幸いにも近時その真意が正解される気運に立ち至りました。それ故この際その本来の意味を徹底させたく、ついに改めてこの一篇を世に贈るに至ったのです。

それ故この本によって、民藝に対する様々な誤解や不用意な解釈を一掃したき考えです。民藝を退嬰的な骨董の意味に解したり、または逃避的な趣味品の如くに考えたりする見方を駆逐してしまいたいのです。そうして民藝品とは、一般の民衆が日夜使う健全な実用品を指すのだということを明記し、かかる領域の価値を再認識することが、いかに吾々の生活にとって重要な意義を有《も》つかを主張したいのです。美が最も深く生活に即するものは民藝をおいて他にないのです。そうして美が最も具体的に国民性を現わすのもこの世界においてなのです。民藝の興隆なくして一国の文化の内容を高めまた深めることはできないのです。

この一冊はいわば民藝学概論のような役割を勤めるでしょう。特にここに盛られた内容は、工藝美学に一つの新しい出発を与え得るかと思います。今まで閑却されていた幾多の真理の開発であると思えるからです。小冊子に過ぎなくはありますが、これは私が今まで民藝に関して書いたものの中、一番秩序だった論篇であって、私自身も好んでいる著述の一つなのです。

別に「美の国と民藝」と題した小篇を添えました。昭和十二年私版本として出したものですが、ここに収録するに際して筆を補いました。また「日本民藝館について」と題したものは「画説」昭和十三年九月号に載せたものです。民藝館は吾々の趣旨を具体的に示している美術館なのです。「民藝の性質」と題した一篇は昨年末独逸《ドイツ》東亜細亜《アジア》協会で独逸人のために講演した折の原稿です。その英訳は山崎文子姉の好誼に依るもので、ここに改めて感謝の意を表したく思います。

昭和十六年　新春

東都駒場にて

柳　宗　悦

民藝とは何か

第一篇　なぜ民藝に心を惹かれているか

一　民藝とはいかなる意味か

工藝の諸問題のうちで、過去に対しても将来に向っても、一番意味深い対象となるのは民藝の問題なのです。美の問題からしても経済の問題からしても、これ以上に根本的な工藝問題はないのです。何故なら工藝の鑑賞に浸る時、またはその真理を追求する時、誰もこの領域に帰って来るからです。「民藝品たること」と「工藝品たること」との間には、密接な関係が潜むからです。工藝が実用を生命とする限り、民藝をこそ工藝中の工藝と呼ばねばなりません。それ故何人《なんぴと》もこの問題に触れることなくしては、工藝論を組み立てることができないのです。

しかるに今日までこの領域が真理問題として明確に取り扱われたことはないのです。もし正当にその意義が認識せられたら、工藝の歩むべき方向について、またそれを顧みるべき批判の原理について、一つの標的を捕え得るでしょう。だが多くの人々にとって、それは見慣れない世界であるに違いないのです。それ故私はできるだけ平易な言葉のうちに、順を追って目撃した真理を記してゆこうと思うのです。恐らく何事よりも字句の意味から筆を起すのが至当かと思われます。

民藝とは民衆が日々用いる工藝品との義です。それ故、実用的工藝品の中で、最も深く人間の生活に交る品物の領域です。俗語でかかるものを「下手《げて》」な品と呼ぶことがあります。ここに「下」とは「並」の意。「手」は「質《たち》」とか「類」とかの謂《いい》。それ故民藝とは民器であって、普通の品物、すなわち日常の生活と切り離せないものを指すのです。

それ故、不断《ふだん》使いにするもの、誰でも日々用いるもの、毎日の衣食住に直接必要な品々。そういうものを民藝品と呼ぶのです。したがって珍らしいものではなく、たくさん作られるもの、誰もの目に触れるもの、安く買えるもの、何処《どこ》にでもあるもの、それが民藝品なのです。それ故恐らくこれに一番近い言葉は「雑器」という二字です。昔はこれ等のあるものを雑具《ぞうぐ》とも呼びました。

したがってかかるものは富豪貴族の生活には自然縁が薄く、一般民衆の生活に一層親しい関係をもっています。それ故、実用品の代表的なものは「民藝品」です。

例えば御殿は王侯の造営物であり、民家は民衆の建物でいわば建物の中の民藝です。例えば金地襖《きんじぶすま》の彩画は貴族的な絵ですが、大津絵《おおつえ》の如きは「民画」とも呼ぶべくいわば民間の画です。民家、民器、民画、私はそれ等のものを総称して「民藝」と呼ぼうと思います。

しかし民藝品はごく普通のもの、いわゆる上等でないものを指すため、ひいては粗末なもの、下等なものという聯想《れんそう》を与えました。実際高級な品、すなわち上等品に対してこの言葉を用いる時が多いため、雑器など云うと侮蔑の意に転じています。つまらぬもの、やくざなもの、安ものを意味しています。このため今日まで民藝品は工藝史の中に正当な位置を有《も》つことができず、愛を以て顧みる者がほとんどなかったのです。

ですがこれは官尊民卑の余弊《よへい》とも云いましょうか。富貴なものにのみ美を認める見方は、極めて貧しい習慣に過ぎないのです。ごく並のものであるから、外形の上や用途の上では、上等でないかも知れませぬが、美から云っても粗末だというのは、許し難い不注意なのです。私はこれからそういう粗悪だという聯想が、はなはだ間違っているということを、漸次に述べようとするのです。それ故「つまらぬもの」という粗雑な見方を取り去るために、どうしても民藝の性質を正しく解しておかねばなりません。

さて、民衆的工藝と貴族的工藝と、どういう区別があるか、その性質の違いはどこにあるか。大体左の通りに考えてくださっていいのです。民藝品は民間から生れ、主に民間で使われるもの。したがって作者は無名の職人であり、作物にも別に銘はありません。作られる数もはなはだ多く、価格もまた低く、用いられる場所も多くは家族の住む居間やまた台所。いわゆる「手廻り物」とか「勝手道具」とか呼ばれるものが多く、自然姿も質素であり頑丈であり、形も模様もしたがって単純になります。作る折の心の状態も極めて無心なのです。とりわけ美意識等から工夫されるものではありません。材料も天然物であり、それも多くはその土地の物資なのです。目的も皆実用品で、直接日々の生活に必要なものばかりなのです。製作の組織は多くは組合。これが民藝の世界なのです。

これに対し貴族的なものは、上等品であり貴重品です。したがって数は多くできず、また金額も高価になります。作る者は多くは名工。それ故、器には在銘のものが多いのです。用いる人は貴族や富者です。実用品というよりも飾り物が多く、必然置かれる場所も客間や床の間。姿は絢爛であり、丹念であり、複雑なのです。技巧は精緻を誇り、作る者も工夫し加工し、意識して作ります。材料も珍らしきもの、精製したものをと選びます。製作の組織は多くは官や富者の保護によります。こういうものがいわゆる貴族品の性質なのです。俗語でこれ等のものを「上手物《じょうてもの》」と云いますが、これはもとより「下手物《げてもの》」に対する言葉なのです。

一方が「民」なら、一方は「官」です。一方を民本的と云い得るなら、他は貴族的なのです。前者を協団的と云い得るなら、後者は個人的とも云えます。一つは「通常」の世界に住み、一つは「特殊」の世界に活きます。一方は「無想」に生れ、一方は「有想」に発し、前者は「平常心」を示し、後者は「分別心」を語ります。あるいはこれ等の対比を、実用を旨としてできる「工藝」と、美を旨としてできる「工藝美術」とに分けてくださってもいいのです。前者は生活と直接関係があるものであり、後者はむしろ生活を遊離したものとなってきます。したがって一方は民衆の生活と交り、他方は富貴の生活に入ってゆきます。自然前者が民藝の世界であり、後者が特別品の領域となります。

または作る者の側から見て、これ等の区別を職人の作と、美術家の作とに分けて考えてくださってもいいわけです。例えば同じ茶器と云いましても、いわゆる「井《い》戸《ど》」は前者であり、「楽《らく》」は後者なのです。よしその二つの間に形の近似があっても、全く出発が異るのです。一方はその地方の、またはその時代の誰でもが携わったものであり、他方は美意識を有《も》った特殊な作者のみの世界なのです。私達はそれ等の二つを一つの世界で説くことはできないのです。

あるいはこれを心の側から見て、伝統的な心と、自由な心とに分けてくださってもいいわけです。それ故前者はその背後に積み重ねられた過去の智慧《ちえ》を負います。後者はどこまでも自己を中心として歩みを進めて行きます。例を西洋にとればゴシックの心は伝統の心でした。だがルネサンス以後は自由の心が主張されました。仮りに東洋の彫刻に例をとるなら、同じ仏像でも推古《すいこ》のものは伝統的です。ですが今日展覧会に出るものは個人的です。一方は自我が従であり、他方は主となるからです。同じように民器と然らざるものとは心の置き場が異るのです。私達は工藝の美を見る上において、まずこれ等の区別をつけることが緊要なのです。

これ等の対比によって、ほぼ民衆的な器物と貴族的なものとの差異やその特質が分明にされたことと思います。しかしこれ等の二つのものを前に見て、今の歴史家や鑑賞家達が、いずれに多く工藝美を認めているかというと、全く後者なのです。前者を見る場合でも後者の眼で見ているのです。また個人作家がその製作によって吾々に示すものも、必然後者すなわち高価な特別な品物なのです。

この趨勢《すうせい》の間に伍して、閑却せられた民藝の価値を私は語ろうとするのです。なぜ語るに足りるか、語るべきであるか、語らねばならぬか。私は続く幾つかの章で、それ等の理由を逐次に述べようと思います。

二　何故特に民藝が論ぜられねばならぬか

なぜ沈黙を破って、あえて民藝の意義を語らねばならないのであるか。四つの理由を私は挙げたいのです。

（一）民藝品の美しさがほとんど全く認められていないからです。ましてそれが示す性質とか意義とかが、少しも注意されていないからです。工藝史を見ても蒐集を見ても、民藝品がいかに顧みられていないかに驚きを感じます。民藝品は何も珍らしいものではありませんから、誰もそれを見また知っているはずなのです。それなのに未だに正しい認識がそれに向って加えられてはいないのです。一つには余り見慣れているが故に、特に見なおさないのだとも思えます。加うるに、一般の美への見方は因襲的であって創造がありません。私があえて民藝の世界を語るのは、人々が余りにその美に向って眼を開いていないからです。明かな美しさがあるにもかかわらず、専門的批評家すらそれを歴史に語ろうとはしていません。ましてそれが示す深い工藝上の意義を闡明《せんめい》した人はないのです。進んではそれ等のものを粗野とか粗末とか云って、退けるようにさえ見えます。この許し難い盲目が跋扈《ばっこ》するが故に、私は虐げられた民器のために弁護の位置に起ったのです。それ故これは当然認めらるべきであって、しかも認められない不遇なものへの弁明なのです。

温室の花をのみ美しい花と見る時、人々はしばしば野の花の美しさを忘れました。その加工せられた贅沢《ぜいたく》な富貴を誇る花にもある美しさはあります。しかし自然の光に浴するあの活々《いきいき》した野花の美を忘れるのは、正しい見方でしょうか。あの虫に犯され易く、冷気に堪えない温室の花のみを賞むべきでしょうか。私は見棄てられた自然の花を工藝の世界で弁護しようとするのです。誰も見ていながら見忘れているが故に、あえて筆を執ろうとするのです。

（二）続いてはいわゆる上等の品が余り不当な過信を受けているが故に、それを修正しようとするのです。今日の工藝史を見ると多くの讃辞に包まれながら、高い位置を得ているのは、大概は貴族的な品物なのです。また人々が競って集めようとしているものも同じなのです。これはその市価が極めて高いのによっても知ることができます。これに反し民藝品の大部分には、ほとんど市価らしいものさえ未だないのです。（私はいかにもったいない気持ちを以て、それ等のものを夥《おびただ》しく非常に安く手に入れ得たでしょう！）

もとより幾種かの美しい上等な品を私も熟知しています。特に初期に属する単純なものに卓越したものをしばしば見かけます。だが後世の大部分のものは人為的作物であるため、疾病《しっぺい》がはなはだ多いのです。意識の超過や作為の誤謬《ごびゅう》に陥っていないものは稀の稀だと云わねばなりません。有想の域に止って加工の重荷に悩んでいます。いわゆる上等品に見られる通有《つうゆう》の欠陥は技巧への腐心なのです。したがって形も模様も錯雑《さくざつ》さを増して来ます。そこには丹念とか精密とかはありましょうが、それは直ちに美のことではないのです。よし美があっても華美に陥る傾きが見えています。したがって大概は繊弱に流れて生命の勢いが欠けてきます。大部分が用途には堪えませぬ。しかし用を離れて工藝の意義がありましょうか。用い得ないことにおいて、美もまた死んでくるのです。

あの技巧がますます複雑になった後代の蒔絵を見てください。不自然な工程と無益な労力と、生命の枯死とよりほか何ものもないのです。あの官窯《かんよう》であった清朝《しん》の五彩《ごさい》を見てもそうです。単に驚くべき技巧の発達のみが示されて、美は埋没されてしまいました。あの抹茶器として作られたものを見てください。ひねくれた形、わざとらしき高台《こうだい》、人はその作為を風雅と誤認しています。そこには病菌の展覧よりほか何ものもありません。初代の茶人達が愛した茶器は実に素直な物のみでした。形の歪める場合でも、自然が歪めたので、わざと歪めたのではありません。人々はあのお庭焼の如き官窯を推賞し、在銘の作に耽溺します。ですが技巧の歴史直ちに美の歴史ではありません。また個人の歴史すなわち美の歴史ではありません。人々は器を見ずに、名を見、技巧を見ているのです。もし銘をけずり取ったら、いかに多くのものが彼等の讃辞から離れるでしょう。人々の見方には充分な直観の基礎がないのです。いかにそれ等の人々は箱書《はこがき》に頼っているでしょう。民衆の器物が、受くべき価値以下に忘れられているのに対し、富貴な品は、受くべき価値以上に認められているのです。これは修正されねばならぬというのが、私の主張なのです。

（三）以上はなぜ私が特に民藝を語るかの消極的理由です。もとより直観の前には上下の差別はありません。それが何物であろうとも、美しい物は美しく醜い物は醜いのです。今直観の鏡の前にすべてのものを素裸にして示す時、私はいかに貴族的なものに美しいものが少く、かえって民器に美しいものが多いかを見誤ることができません。焼物にせよ、織物にせよ、木工品にせよ、真に美しいほとんどすべての作は無銘品なのです。在銘のものでそれ等のものに比べ得るものは真に稀有だと云っていいのです。このことは私に次の明確な事実を教えてくれます。富貴の品物たることにはいかに病いが多いかを。そうして民衆の品物たることにはいかに健《すこや》かさが多いかを。

進んではこうも云えます、民藝の中にこそ工藝の美が、より安定に保証されているのだと。したがって「民藝品たること」と「美しい作たること」とには堅い結縁《けちえん》があるのです。これに反し貴族的な品が美しい作となるのは極めて困難なのです。今日まで蔑まれてきた民器にこそ、かえって高い美が約束されているのです。美への見方の驚くべき一顚倒ではありませんか。あえて民藝について語る積極的理由を、私は隠匿することができないのです。

なぜ特別な品物よりかえって普通の品物にかくも豊かな美が現れてくるか。それは一つに作る折の心の状態の差違によると云わねばなりません。前者の有想よりも後者の無想が、より清い境地にあるからです。意識よりも無心が、さらに深いものを含むからです。主我の念よりも忘我の方が、より深い基礎となるからです。在銘よりも無銘の方が、より安らかな境地にあるからです。作為よりも必然が、一層厚く美を保証するからです。個性よりも伝統が、より大きな根底と云えるからです。人知は賢くとも、より賢い叡智《えいち》が自然に潜《ひそ》むからです。人知に守られる富貴な品より、自然に守られる民藝品の方に、より確かさがあることに何の不思議もないわけです。華美よりも質素が、さらに慕わしい徳なのです。身を飾るものよりも、働くものの方が常に健康なのです。錯雑さよりも単純なものの方が、より誠実な姿なのです。華かさよりも渋さの方が、さらに深い美となってきます。なぜ民藝品が「美しい民藝品」となる運命を受けるか、そこには極めて必然な由来があると云わねばなりません。工藝の美を語る者が民藝を解することを怠っていいでしょうか。

（四）私は眼を転じていわゆる上等品の中《うち》、美しい作を取り上げてみましょう。何がそれを美しくさせているかを省みてみましょう。この時私は次の事実を見出さないわけにはゆかないのです。実にそれ等の美しいものに限って、その所産心が全く民藝品と同じ基礎に立っているのを発見します。無駄をはぶいた簡素、作為に傷つかない自然さ、簡単な工程、またはそこに見られる無心の豊かな模様、健実な確かな形、落ち着いた深みある色、全体を包む単純の美、それは民藝品を美しくさせているその同じ原理が働いているからではないでしょうか。貴族的なものでは古い時代のものにいいものが多いのです。それは技巧がまだ進んでおらず、稚拙な味《あじわ》いがあるからだと云えるのです。

私は一例を高麗焼《こうらいやき》に執《と》りましょう。高麗焼は官窯《かんよう》であって、貴族的な品物の中《うち》最も美しいものの一つを代表します。何がそれを美しくさせているか。省みて次の性質を数える時、いかに民藝品と共通の基礎が多いかが気附かれるでしょう。（イ）何処にも銘はありませぬ。それは無名な多くの職人達の合作なのです。（ロ）主な製産地たる康津郡《かんじん》は、一大窯業地であって、当時は非常に数多くできた品なのです。（ハ）大部分が実用品であって、単なる装飾物に作られたものはほとんどありません。（ニ）その美は極めて繊細な優雅な処があって、一見すると高い天才の美意識から産出されたものと思うかもしれません。しかしそれは高麗人の心情そのものの発露であって、決して個人的美意識から工風《くふう》せられたものではないのです。当時万般の器物皆そうであって、独り窯藝のみが優雅なのではありません。（ホ）それは官窯ではありますが、実に支那の民窯を手本として作られたのです。青磁はあの南方の龍泉窯《りゅうせんよう》を、模様はあの北方磁州系統のものを。いわば民器がその美の目標でした。何がその民器を美しくさせたかの、不思議なしかも自然な原理をここに学ぶことができるのです。

私はもう一つ例をとってこの事実を明かにしましょう。日本の陶工の中で、作からいって一番傑出している一人は穎川《えいせん》です。私は彼の赤絵の素敵な美しさに心を引かれます。個人陶であり在銘陶でありますから、必然上手物《じょうてもの》なのです。だがどうして彼の作が美しいか。実に明清《みんしん》の下手《げて》な赤絵が彼の美の標的でした。そうして彼の驚くべき才能がよくその真髄を捕え得たからと云わねばならないのです。彼が見、愛し、摸したのは支那の民器で、当時の貿易品たる安ものでした。もし穎川がこれに代るにあの華美な官窯の五彩を摸していたら、私は彼を愛する何等の因縁をも持つことなく終ったでしょう。あの光悦《こうえつ》が捕えたいと腐心したのも、南方朝鮮の下手《げて》な茶碗に潜む美でした。あの木米《もくべい》が、鋭くねらった煎茶茶碗の美も、明清の下手《げて》な藍絵に宿る風格でした。

これを想い彼を想うと、「民藝の美」と「工藝の美」とは、ほとんど同意義になってくるのです。美しい「上手物」に限り、その所産心が民藝品と同じであるとは何を語っているか。あの個人的天才すら下手の美を追い求めたとは何を語っているか。工藝の美の焦点が民藝品の中に発見されてくるのです。私達は民藝への理解なくして、正当に工藝を理解することはできないのです。ここに民器の世界を「民藝」と呼ぶなら、民藝を理解することと、工藝を理解することとには密接な関係が生じます。このことは実に新しく提出せられる公理なのです。私達は美しい「上手物」を民藝の心から説明することはできます。ですが「民藝」の美を「上手物」の心で説くことはできません。私達は工藝美の法則を「民藝」に求めねばならないのです。この驚くべき真理は、今日まで一般の人々から充分に認識されずに過ぎてきました。私が工藝を論ずるに当って、何故「民藝」を重要視し、あえて批評家の注意を喚起しようとするかの充全《じゅうぜん》の理由をここに発見せられるでしょう。

工藝史家は今日までほとんど貴族的なものにのみ過重な注意を払うことによって、工藝そのものへの理解を喪失してしまいました。彼等には全く美の標的がないのです。いかにしばしば等しい讃辞を、美しいものと醜いものとに平等に献げてきたでしょう。これほど不平等な歴史観がありましょうか。就中《なかんずく》個人的在銘の作に彼等の注意が集っています。しかしそれは工藝史を極めて狭い一隅に追いやるのと同じなのです。それも工藝史の一部を占めるでしょうが、むしろ傍系に属すべきものと云っていいのです。民藝が公道なのです。工藝の正史は民藝史なのです。

ちょうど宗教の精髄が、複雑な神学に在るよりも無心な信仰に在るのと同じなのです。信仰史が宗教の正史なのです。信仰の前に神学は二次なのです。同じように無心な民藝の美に対して、個人の意識的な作は二次なのです。なぜなら無心は意識よりも、もっと深いものを捕えるからです。民器の美に向って官器の美は二次なのです。民衆より生れ民衆に役立つ雑具にこそ工藝の正道があり大道があるのです。それ故、民藝の問題が工藝の根本問題なのです。工藝論は新しく出発せねばなりません。工藝美の歴史は書き改められねばなりません。私達は工藝の正史を綴るべき任務を帯びているのです。

三　誰が民藝の美を最初に認めたか

事新しく民藝の意義を今日述べねばならないほど、その美が少しより認められてはいないのです。たまにあってもただ「面白さ」程度の鑑賞を出ないでいます。しかし過去をふり返ると、その美が深く味われていた一時期があったのを気附かないわけにはゆきませぬ。それは今から三百年ほど前に帰ってゆきます。私は今初代の茶人達を想い回しているのです。私は民器の美をはっきりと最初に見届けた人々が、日本人だということに、抑え得ぬ誇りと悦びとを感じます。彼等には工藝の美に対する真に稀有な直観と、卓越した鑑賞とがありました。

あえて「初代の茶人達」と云います。私は紹鷗《じょうおう》とか利休《りきゅう》とかを指して云うのです。ややおくれては光悦の如き例外を多少は挙げ得るでしょう。中期以後、特に遠《えん》州《しゅう》あたりから茶道は下落する一方です。ただ形骸を抱いて習慣に枯死する今日の茶人達を見る時、真に末世の観を禁ずることができませぬ。

私が初代の茶人達を引き合いに出すのは、民藝の意義が充分に了得されていないこの啓蒙期には、その例が一番読者を納得させるに有効であると考えられるからです。人々は私の見解を信用しない場合でも、初代の茶人達を信用してくれると思えるからです。私の主張を主観と評し去っても、茶道には客観的に価値を認めてくれると思うからです。

私は民藝の美を最初に見つめた人として、初代の茶人達を偉大な先駆者と呼びたいのです。もっとも私の考えと彼等との間には、外面的に何等の史的連絡はありません。私は茶道によって美への見方を教わったのではないからです。否、もし私が今の茶道に捕えられていたら、今の茶人達のように、何一つ民藝の美が分らなくなっていたでしょう。見方に自由な開拓がなくして終ったでしょう。私は省みて誇るべき先駆者を、日本の歴史に見出したというまでなのです。

さて、私は云いましょう、「茶」の美は「下手」の美であると。因襲に捕われた今日の茶人達には、この平易な真理すら不思議な言葉に聞こえるでしょう。ですがこれは被《おお》い得ない事実なのです。茶器も茶室も民器や民家の美を語っているのです。だがこの清貧は忘れられて、茶道は今や富貴の人々の玩《もてあそ》びに移ったのです。茶器は今万金を要し、茶室は数寄《すき》をこらし、茶料理は珍味をととのえています。かくなった時すでに茶の道があるでしょうか、あり得るでしょうか。

元来あの茶入《ちゃいれ》は、支那から渡った薬壺であったと云われます。そうして茶碗は多く南朝鮮の貧しい人々がつかう飯碗でした。あの水指《みずさし》や花瓶も、もとはあるいは塩壺とかあるいは種壺とかであったのです。

それ等のことごとくが元来は実用品で、全くの民藝品でした。何一つ美術品として工風《くふう》せられたものではないのです。ですが初代の茶人達は鋭くもそれ等のものの美に打たれました。その美の中に「道」をすら建てたのです。人々は今それ等の器を呼んで「名器」とあがめます。だがもしそれ等のものが民器でなかったら、決して「名器」とはならなかったでしょう。民器なるが故に彼等の眼から逃れることがなかったのです。民藝品あっての茶道なのです。私は彼等の並ならぬ眼と心とを慕わしく感じます。

もし器の作者に、今それ等のものが「名物」と称えられて、金襴《きんらん》の衣を着、幾重の箱に納められていると聞かせたら、どこにその言葉を信ずる者があるでしょう。それはあの一番安いたくさんある民藝品ではありませんか。誰でも作り得た簡単な品物ではありませんか。

私がかく云う時、今の茶人達はこう詰《なじ》るかも知れません。それは雑器であるかも知れないが、たくさんの中から選び出したごく珍らしい少い貴重なものだと。しかし選ばれたものも要するに民器たることに何の変りもありません。たくさんできた雑品でなくば、選ぶということすらできないでしょう。まして元の産地にはいかにまだ、選ばれていない幾多のものがあったでしょう。茶人は茶碗を眺めて「七つの見処《みどころ》」があると云います。そうまでに美しい個所を数えてくれた最初の人を私はあがめます。だがもし作者が「七つの見処」を意識して作っていたら、その「見処」はたちまち消えていたでしょう。そうして初代の茶人達はこれには一つの見処もないと云って棄てたでしょう。後代この「見処」に捕えられてわざわざできた茶器に一つとして美しいものがないのは無理はないのです。それはもう民藝品ではなくして、病いに罹《かか》った贅沢品になっているからです。「七つの見処」は見る方にあるので、作る方にあるのではないのです。「楽」と銘打たれる茶碗の如きは民器を手本としながら、心はすでに「上手《じょうて》」なのです。もうあの「井戸」の茶碗に見らる如き無心さはどこにもありません。もし紹鷗等がそれを見たら速刻《そっこく》に棄て去るでしょう。どこにも茶道の美がないからです。どこにも民器の美しさがないからです。初期のものだけが比較的いいのは、心がまだ素朴であり素直だったからです。

あの「楽」を大事がる時、茶人達は茶祖の真意を瀆《けが》しているのです。

さすがに「大名物《おおめいぶつ》」は美しい器物です。すべてが真の民器だからです。かつて茶人達はあの華美な、技巧の複雑な貴族的なものを、茶器に選んだことがあったでしょうか。あの雅致とか渋さとかは、民藝品の有《も》つ特有の美なのです。茶人は高台の美に眼を止めましたが、かつて意識的な作為の品にどれだけ美しく確かな高台があったでしょうか、そうしてかつて民器の無心な品に弱い不確な高台があったでしょうか。私達は、ほとんど安全にその高台の美しさで、民器かそうでないかを分類することさえできるのです。

茶室の美も云わば「下手《げて》」の美です。それは元来贅沢な建物ではなく、範を民家にとったのです。それも小さな貧しい粗末な室なのです。今も古格を保つ田舎家は美しい。あの納屋や、水肥小屋《みずごえ》や、または井桁《いげた》の小窓があけてある便所すらも、形が美しいではありませんか。私は特に朝鮮を旅する毎に、あの民家に茶室の美を見ない場合とてはないのです。あのきたないとか、むさくるしいとか、暗いとか、見すぼらしいとか云われる小さな田舎家こそ茶室の美の手本でした。初代の茶人達はあり合せの木や竹や土で心ゆくばかりの茶室を建てる力があったのです。「茶」の美は清貧の美なのです。今のように金に頼って数寄をこらす時、もう茶室は死んでしまいます。私は新しい茶室によいのを見たことがありません。鷹ヶ峰を訪うてみてください。あの思い出深い丘に、無遠慮に建てたたくさんな新立ちの茶室を見て、地下の光悦は嘆息しているでしょう。冒瀆《ぼうとく》でないと誰が云い得るでしょう。

茶料理とても同じなのです。今は山海の珍味を旨とし、強《し》いて季節はずれのものを誇ります。したがって価は極めて高いのです。だが真の茶料理はそうではないはずです。その土地のもので季節の品を選ぶのが本筋なはずです。それも田舎の手料理がよく、そこには土地の香りがあり、自然の健康な味いがあります。京に入らば茶料理で名高い瓢亭を訪うて見てください。今も民家を装い、旅の人に売ろうとて掛けた草鞋《わらじ》を見るでしょう。風情には古格がよく残っています。だが今の料理にもう正格はありません。すでに都びて富者の客を待つばかりなのです。草鞋は飾りとしてのみ淋しく残っています。用いる器とても全く民衆の品から離れました。

茶道の深さは清貧の深さなのです。茶器の美しさは雑器の美しさなのです。読者はあの「大名物」の美を信じてくださるでしょう。そうして渋さを美の最後と解してくださるでしょう。それならその信頼は民藝品への信頼だと考え直してくださらないでしょうか。もし茶人達の、世にも優れた眼を慕われるなら、民藝品への眼をこそ愛されていいはずです。私の直観が民器に美を見出したのを、なおも独断だと思われるでしょうか。茶人への信頼はすべての疑惑を解いてくれるでしょう。幸いにも読者の敬慕する初代の茶人達がその並ならぬ茶道において、民器の深さを説いてくれているのです。私は安心して次の章に移ろうと思います。

四　私達は民藝の美に盲目であっていいか

もし民藝品たる「大名物」に、美しい器という烙印《らくいん》が押されているなら、なぜ他の多くの民藝品にも大名物格の美を認めないのであるか、私はこの問い方を極めて合法的であると思うのです。

茶器だから美があるのではないのです。まして美が茶器に限られているのではないのです。茶器と同じ所産心から生れたものがいかにまだたくさんあるでしょう。たまたま初代の茶人達の眼に触れたものは、外来の民藝品のわずかな種類に過ぎないのです。残る幾多のものが彼等の眼に入る折なくして終ったのです。これは茶祖が他の民器の美を認め得なかったからではありません。想うに諸般の工藝が栄えてきた後代に彼等がいたら、いかに豊富な材料を茶器として取り入れたでしょう。だが独創と自由とのない後代の茶人達は、茶祖が見ることを得なかった幾多の美しい民器が、彼等の周囲にあったにもかかわらず、定められた茶器以外に茶器はないと誤認するに至ったのです。ついには全く形式化して、「茶」の精神を忘れ、ただ古い型のみを襲踏するに至りました。

だが私達はそれでいいでしょうか。かくも豊かにそれ以後にできた美しい民器に取り囲まれながら、いつまでもそれ等のものに盲目であっていいでしょうか。「大名物」だから崇めて、無銘のものだから省みないその不見識と不自由とを、恥じないでいいでしょうか。そもそも茶祖は在銘のものを茶器に選んだことがあったでしょうか。彼等が私達に与える一つの驚異は、彼等が茶器を定めたということにあるのではないのです。省みられぬ民器に、茶器の美を見出したその自由さにあるのです。あの貧しい質素な器の中に、限りない深い美を見ぬいた点にあるのです。そうしてその清貧と静寂との内に、任運無碍《にんぬんむげ》の三昧境《さんまいきょう》を味い得たことにあるのです。その真意を忘れ、形式に枯死する今の茶道と、心において何の連絡があるでしょう。もし茶祖が今甦ったら、あの禅林で説かれる「婆子焼庵《ばししょうあん》」の物語りのように、早速茶室に火を放って茶人達を外に追いやるでしょう。禅が文字に堕した時、大慧は憤って『碧巌録《へきがんろく》』を焼き棄てたと云います。

もし茶入や茶碗が美の玉座に就いているなら、同じ所産心でできた各種の民藝品の中にも、「大名物格」の美があると、安全に断定していいでしょう。「大名物」が美しいのは茶器だから美しいのではないのです。美しいから茶器になり得たのです。茶器でないために他の民器を見忘れる如きは、見方に力がないしるしなのです。茶祖は全く茶器でないものから、茶器を選んだではありませんか。あの「井戸」の茶碗を茶器だから褒めるのは、見方がまだ表面的です。私達はそれをかって貧しい者が使った飯碗として一層讃えねばならないのです。「大名物」となるより前に、彼等は雑器であったのです。否、先にも云ったように民藝品であったからこそ「大名物」になり得たのです。いかに多くの見棄てられた民藝品に、来るべき茶器が匿《かく》れているでしょう。私達は何等《なんら》の躊躇《ちゅうちょ》を感ずることなく、それ等のものの随所に、茶器の美を発見することができるわけです。そうして茶器として最初から作られた品物には、ほとんど茶器としての美を見る場合がないのです。あの茶道の初期におけると同じように、私達は来るべき真の茶器を、茶器ならざるものの中から見出しましょう。かくして私達は何等の困難なく「大名物」の数を限りなくふやすことができるのです。私はこの福音を多くの人々に伝える悦ばしい任務を感じるのです。

在来の「大名物」を崇めて、他の民器を愛さないのは、彼等が美をじかに観ていない証拠なのです。もし美をじかに感じているなら、歴史家は今日のように不見識ではあり得ないはずです。鑑賞家はかくまでに鈍重ではあり得ないはずです。「型」とか「極め」とか「銘」とか、かかるものは美の本質的な標準とはなりません。それ等のものなくしても器の美に変異はないのです。例えば「茶」に用いる鉢は何寸でなければならぬという如きは、あまりに不自由な考えです。それは茶室の大きさに準じて変えていいはずです。短くとも長くとも美しきものはこれを活かしたいのです。また活かす道が限りなく残っているのです。真の茶道は無限の形式と内容とに展開するものであっていいはずです。かかる自由さにこそ茶道の真の古格があると云えないでしょうか。茶祖はかくなしたではありませんか。否、それ以外に茶道の正格はないはずです。

省みられない世界から、私が集めてきた多くの民器、私はそれ等を顧みて、ことごとくが茶器だと云いたいほどなのです。人はそれ等のものを最も適宜な場所において、最も有効に用いる自由を許されているのです。私はその自由を躊躇なく受けようと思うのです。私は今それ等のものを誰に見せるよりも、初代の茶人達に見せたいのです。どんなにか悦んでくれるでしょう。工藝の美が存する所、どこにも茶道が存すると、そう云えないでしょうか。何も在来の茶器と茶室とにそれが封じられているのではないのです。今日の生活の中に、「茶」を活かす余地は限りなく残っています。かくすることにこそ茶祖の真意があったでしょう。

一般に見る者も作る者も民藝品たる茶器の理解に対し二重の錯誤に落ちています。それが「大名物」と称えられ貴重視せらるる結果、あたかも特別な品物の如くそれを感じ、本来の性質が見失われてしまったのです。実際後代茶器として作られるものは、ほとんど皆意識の過ぎた作であって、全く民藝の分野から離れてしまいました。あの初代の茶人達が決して選ばなかった作為された器を作ったのです。そうしてそれを風雅な器だと信じるほどに盲目となりました。だがそれは民器であった大名物と同列の格に置かるべきものではありません。形は似るとも所産心は全く相反しています。そもそも無想から出る民衆の器物を離れて、雅致とか渋さとかが器にあり得るでしょうか。有想の作が玄の世界にまで高まることがあるでしょうか。後代の茶器に美しいものがないのも無理はないのです。

この錯誤からして第二には民藝品への全き忘却が伴ったのです。私は工藝史に民藝の美が正当に論じられた個所を未だ見出すことができません。否、実際は民器を取扱っている場合でも、いかにそれを「上手《じょうて》」の心において解しているでしょう。例えばあの古赤絵や龍泉の青磁や磁州の絵高麗《えごうらい》や、それ等の美が民藝品として正しく解されている記事を私は見たことがありません。日本の民藝品に至っては、まだ一つの史的位置をも得てはいないのです。

今の歴史家には玉石に対する明確な区別がないのです。否、有名なものなら何でも讃辞を惜しまないのです。したがって上等の品物ならほとんど何でも美しいと書かれるのです。否、高貴な品と解されるもののみが歴史に入っているのです。もしあの有名な茶人達が茶器を選んでいなかったら、今の批評家達は決して茶器を讃美する機会を有《も》ち得なかったでしょう。なぜならそれ等の名器は彼等の疎んずる民器に過ぎないからです。

民藝の美への正しき認識、このことなくして茶祖の衣鉢を伝えることはできないはずです。あの「大名物」と共に、同じ民衆から生れ、同じ無想から発した美しい器が、数限りなく私達を待っているのです。それはすでに余りに多いとさえ云うことができます。器はすでに準備しているのです。ただ私達にそれを見、愛し、用いる自由が不足しているだけなのです。茶道の将来は多忙なのです。工藝史の未来もまた多忙なのです。忘れられた民藝の広汎な領域を顧みる時、そこにはあまりに多量な美しい器が累積されているからです。因襲的な鑑賞と歴史とが覆えされる時は来るでしょう。そうしてかつて虐げられたものと讃えられたものとが、その位置を顚倒《てんとう》する時は近づいています。私は少しの躊躇もなく、かかる革命を安全に予言しましょう。

五 何故私達に民藝の美が認識されるに至ったか

なぜ民器が私の心を強く引くか。私は短く「美しいから」とそう答えるより外はないでしょう。「なぜ美しいのか」と反問される方もあるでしょうが、すべて美への認識は直観のことであって、「なぜ」という知的反省から美が認識されるのではないのです。その問いは何故恋人を恋するかという問いの愚かなのと同じなのです。「なぜ」というような二次的な理由で解されるものは、美への直接な知識とはなりません。直観においては観ることとは思うことよりも先なのです。

ですが、かかる直観的認識を働かす機縁が、何故吾々に与えられるに至ったか、その事情についてのみは語ることができるでしょう。私は次の三つの場合を問うことによって、一層明晰に答えを言い現わすことができましょう。（一）なぜ初代の茶人達は民藝の美を見ることができたか。（二）これに反し、どうして後代の人々が民藝の美を認めることができなかったか。（三）最後に何故私達に至って民藝の意義が注意されるようになったか。歴史上におけるこれ等の変移から、興味深い一つの結論に達することができるでしょう。

初代の茶人達にどうして美へのよい認識があったか。もとより彼等に鋭い直観があったことが、それを可能ならしめた基礎であるのは云うまでもないのです。ですが同時に直観を充分に働かし得るような境地にいたからと説くこともできるのです。その大きな理由は、主に茶器が外国のものであるため、とりわけ新鮮な印象を受け得たことに因るのです。特に窯藝はその頃日本ではまだ発達してはいませんでした。あの「大名物」となったものは外国からの将来品なのです。他国の作であるから、第三者として充分それを顧ることができたのです。後代あの蒹葭堂《けんかどう》等が支那明清《みんしん》のものに驚きの眼を開いたのも同じでした。彼等にとってそれは死んだものでなかったのです。活々《いきいき》した姿においてその美が眼を打ったのです。ちょうど吾々の浮世絵が異常な注意を欧州で起したのと同じなのです。方処の間隔は、美への認識を新鮮にします。だが時代が過ぎて、その新鮮さが薄らぐ時、ものへの見方は鈍り停止し、ただ因襲に沈んできます。後代の茶人達が何故民藝の美を認めるに至らなかったか。彼等の見方が自由を失ったからです。認識は直観の基礎を失い、概念が代ってその位置を占めたからです。見方は型を出でず、美は形式化されてきました。だがその頃美しい民藝品が絶えたのではないのです。かえって時代と共にその種は増し、質は豊富にせられていたのです。特に徳川期の半《なかば》において、日本の民藝品はその絶頂に達したかの感があります。なぜその時代の茶人達がそれに冷《ひや》やかであったか。一つには見方が形式に捕われていたからですが、一つにはそれが当時のあまりに普通な品だったからです。盛《さかん》に生産せられ、誰でも用いていたからです。あまり普通であり安ものであったから、人々はとりわけそこに美を見ようとはしなかったのです。花園に住むものはその香を忘れるに至ります。民衆は作るものが美しいことを知らずして作り、また美しいことを知らずして用いていました。茶道にこそ沈滞はありましたが、その時代は真に工藝時代であったと云わねばなりません。人々は美しい民藝品に囲まれて住んでいました。囲まれていたが故に認識の世界に出る機縁がありませんでした。ただ少数に作られる貴重な品物のみが反省に入りました。そうして今日までこの惰性は持続せられているのです。そうして個人作家の名と官器とのみが歴史に記載せられるようになったのです。

だが最近資本制度の勃興につれて、民藝の美が急速に沈み、私達はほとんどすべての器に美しさを失ってしまいました。就中《なかんずく》問屋の制度は生産者を極度に疲弊《ひへい》させました。商業主義は誠実を棄てて利慾に飢えています。機械主義は手工を奪ってすべてを凝固させてしまいました。さなきだに競争の結果はすべての器を粗製と俗悪とに落《おと》し入《い》れました。民藝はかくしてその美しい歴史を閉じたのです。作る時代、用いる時代は過ぎて、今は省る時代へと移りました。すでに過去と現代とには、はなはだしい時間の間隔が生じたのです。私達は創作の時代を失うと共に、認識の時代へと入りました。今日まで見慣れた民藝品も目新しい民藝品なのです。私達は歴史的推移の不可思議な命数のもとに、あの初代の茶人達が外来の民藝品に驚きの眼を張ったように、在来の民藝品を新しい驚きを以て注視します。なぜ私達が彼等を認識するに至ったか。それは時代の力によると私は答えましょう。時代は創造から批判へと転廻しました。今は代表的な意識の時代なのです。

今日まで、誰も充分に民藝の美を認識し得なかったのは、彼等の直覚が鈍っていたとはいえ、一つには時代が批判の時期に到達していなかったからです。私達はたまたま反省の時代に生れ、意識の環境に育ちました。すべての物は見なおされるために吾々の前に置かれています。古いものもさながら新しいものの如く吾々の前に現れます。すべての場面は私達の直観を新鮮にしてくれます。だが目覚めざる多くの者はなおも認識の怠慢に陥っています。習慣的見方を出ることができず、時代の恵みに叛いてなおも自由な認識を封じています。多くの民藝品がその美しさを吾々の目前に示すにかかわらず、なおもそれに無関心なのです。否、見るに足るべきものがないと考えているのです。だが真理は早晩明るみに出されねばなりません。私は今かかる時代の恵みを受けて、人々の前に発言の自由を選ぼうとするのです。あの尊敬すべき茶祖の美に対する理解を再び復興しようとするのです。

だが真の復興は復古ではなく発展でなければなりません。私達は民藝の美に関する認識を、初代茶人達の理解に止めてはならないのです。何が私達と彼等とを区別するか。何が新しく私達の進み得る点であるか。時代が何を私達に追加させたか。第一は茶器や茶室に対する考えの拡大なのです。彼等は規定する茶道に適する室や器のみを選びました。だが私達の視野は拡げられています。美しき家や器に、約束せられた一定の法寸はなく形体はないのです。茶器とならずば美しさがないのではないのです。美しき器ならば新しき茶器に選ぶことができるのです。無数の茶器があり、無限の茶道があると云えないでしょうか。先にも云ったように各々の人は、数多くの民器の中から「大名物」を選び出す自由を得ているのです。私達は茶祖が見得ずして終った無数の美しい民藝品を見る悦びを得ているのです。もし彼等が今の世に活きていたら、誰よりも豊《ゆたか》な自由の持主であったでしょう。

だが時代はさらに一つの転向へと私達を誘います。彼等は茶道のみに専念志したが故に、鑑賞は「味う」とか「愛玩」とかに集中しました。ここに愛玩とは、ただ弄ぶ意味ではありません。彼等はその静寂な美に即して禅三昧に入りました。鑑賞もここまで進めば真の生活であり、信仰であります。茶道は常に美の宗教でした。だが認識の時代に住む私達は、鑑賞をさらに真理問題へと進めてゆきます。美は味わるる美であると共に考えらるる美なのです。美はまた真であると云えないでしょうか。民藝とは何か、何がそれを美しくさせたか。その美はいかなる美を示しているか。どんな世界からそれが生れているか。いかなる心がそれを生んだか。なぜ「下手《げて》」と云われるものに美が宿るか。普通の品たることにどうして美があるか、かかる美はいかなる社会を要求したか、いかなる経済を保障するか、その美がどんな関係を私達の生活に持ち来すか、なぜかつてできたのに今できないか、どうしたら未来にもできるか。これ等の疑問から大きな真理の展望が吾々の前に開かれてきます。

そこには美の法則や心の法則や社会の法則が見出されてきます。かかることへの熟慮は古人にではなく、吾々に負担せられた使命なのです。それは単なる知的遊戯ではありません。すでに民藝が廃頽した今日、私達は再び時代を甦らすために、真理を探求して行かねばならないのです。創造への転向を工藝に来すために、私達は認識的準備を整えねばならないのです。

民藝へのこれ等の反省において、工藝に関する誰も予期しなかった驚くべき真理が顕現されます。工藝は美の問題であると共に精神の問題であり、物質の問題であり、兼ねて社会の問題なのです。そうして、これ等のことへの追求が、いかに工藝に対する在来の見方に向って、一つの価値顚倒を呼び起すかを、以下の各節は明確に語るでしょう。いかなる境界から工藝の美が発するか、またその美は何事を語るか、私の筆は本論に入るわけです。

第二篇　民藝から何を私が学び得たか

一　民藝の美はいかなる世界を示しているか

民藝品から私が何を学び得たか、いかなる真理をそれが目前に示してくれたか。私は真に驚くべき幾多の価値顚倒を、そこに目撃しないわけにはゆかないのです。新しい世界の限りない展望が私の前に浮んできます。因襲の眼にとってはいかに信じ難い光景でしょう。だが私は誤解を恐れることなく、学び得た真理を逐次に数え挙げようと思うのです。

誰も異常な世界から、異常なものが生れてくると考えています。だが民藝品は私達に何を告げているでしょうか。通常なものから異常な美が出ることを明示してくれるのです。あの普通とか平凡とか蔑まれるその世界に、かえって美が宿されていることを物語ってくれるのです。これこそ新しい視野の展開ではないでしょうか。この内には二つの命題が含有されます。通常の世界にも限りない美が現れ得ること、この第一の真理だけでもいかに大きな福音でしょう。だがこれに止っているのではないのです。通常の世界でなくば深い美が現れ難いこと、この第二の命題に至っては真に驚異だと云わねばなりません。読者のある者は到底《とうてい》このことを信じ難いでしょう。だが私はこう云いましょう。もし初期の茶器があの平凡な民藝品でなかったら、あの非凡な「大名物」には決してならなかったと。普通であるということほど実際偉大なる場合はないのです。一般の人々は非凡なもののみ偉大であると思うほど平凡になっているのです。

老子は道の極致を「玄」と呼びました。「玄」はいわゆる「聖暗」なのです。その「玄」の美を私達は「渋さ」と云い慣わしてきました。美に様々な相があろうとも、その帰趣は「渋さ」なのです。だがかかる最高な美、「渋さ」の美を工藝に求めようとする時、私達はついに民藝品に帰って来ることを悟るでしょう。あの茶人達がそれ等のものに茶器を見出したのは偶然ではないのです。いわゆる「上手物《じょうてもの》」にかかる「玄」の美を求めることは至難の至難なのです。「上手物」のうち美しいものは、大部分初代のものに属し、はなはだ単純であり無心であって、その所産心も工程も技法も民藝品と共通があることは前にも記しました。

通常の世界に、かえって異常の美の確《たしか》な保証が潜むこと、そうしてこれが夢想ではなくして工藝における真個の事実であること、このことより驚嘆すべき摂理があるでしょうか。またこれより希望に充ちた福音があるでしょうか。仮りに異常な稀有な世界にのみ美があるなら、衆生の手になる作は凡俗に生れ凡俗に死すでしょう。どこにも民藝品たることに美は生じないわけです。しかし摂理は彼等に美を約束しているのです。そうしてこの約束に誤謬《ごびゅう》はないのです。もし花の美が稀有なある種の少数のものに限られていたら、自然は荒野に帰るでしょう。だが無数の野花が健康な美を以て自然を彩《いろど》っています。彼等にでなくば見られぬ美が、私達の心を打っています。

稀有なものは公道ではないはずです。あの誰でも歩む大通りこそすべての者を迎えて、都にと導くのです。稀有なものにも特殊な美しさは見えます。しかしそれは本道《ほんどう》の美ではないのです。精細とか華麗とかの美はあるでしょう。しかしそれは美の極致ではないのです。民藝こそは美の公道なのです。この素朴な民器にこそ最も広い工藝の本道があるのです。貴族的なものは優れている場合でもどこか弱く、実用的な民器は貧しい場合でもどこかに健かさが見えます。そこには活ける生命の美が現れています。

あの平凡な世界、普通の世界、多数の世界、公の世界、誰も独占することのない共有のその世界、かかるものに美が宿るとは幸福な報《しら》せではないでしょうか。否、かかる世界にのみ高い工藝の美が現れるとは、偉大な一つの福音ではないでしょうか。平凡への肯定、否、肯定のみされる平凡。私は民藝品に潜む美に、新しい一真理の顕現を感じるのです。

私はこの偉大な平凡の中に、幾多の逆理が啓示されてくるのを順次に見守っています。第一はあの教養ある個人をして、なお無学たらしめる凡庸の民衆を。なぜなら、どの個人の作も民器の前には愚かに見えてくるからです。またはあの豪奢な富貴をして、なお貧しからしめる清貧の徳を。なぜならどの華麗な作も素朴なものの前には淋しく見えるからです。またはあの細密な知識をすらなお無知ならしめる無心の美を。なぜなら、知の働きも無想の前には幼穉《ようち》さを示したに過ぎないからです。またはあらゆる作為の腐心をして拙《つたな》からしめる自然さの力を。なぜなら、一つとして工夫をこらしたもので素直な作を越え得たものがないからです。またはあの美的考慮をして、なお醜からしめる用への誠実を。なぜなら美のために作られたものが、かつて用のためにできたものより美しかった場合がないからです。またはあの装飾の華美をして、なお淋しからしめる質素の姿を。なぜなら渋さに向って競い得る華《はで》やかさは何処にもないからです。またはあの複雑さをしてなお単調たらしめた単純の深さを。なぜならかつて単純さに優る複雑な美を示し得た作がないからです。またはあの強い自我をして、なお弱からしめた無我の強さを。なぜならどの在銘の作も、無銘品の前に名を恥じていないものはないからです。またはあの自由への求めをして全く不自由たらしめている伝統への服従を。なぜなら、伝統の美よりさらに自由な創造を示し得た作はないからです。または際立った個人の存在をすら、なお乏しからしめる協団の力を。なぜなら、秩序ある結合の美よりさらに美しい孤立の美はあり得ないからです。また個性の主張をしてなお言葉なからしめる自然の意志を。なぜなら、すべての焦慮も自然の摂理の前には沈黙を余儀なくされてくるからです。

すべての工藝の美はこの驚くべき逆理を告げています。続く幾つかの章で、私はこれ等の秘義の数々を平易な言葉において説きたく思うのです。

二　誰の手から民藝の美が生れたか

誰があの「大名物《おおめいぶつ》」を造ったのであろうか、誰の手にあの雅致とか渋さとかの美が、托されていたのであろうか。不思議にもそこには何の某という者がないのです。誰もがそれを作ったからです。驚くべき出来事ではありませんか。誰にもできた器、それが最も深い美を有《も》つとはいかなる出来事でしょうか。善き者、悪しき者、悲しめる者、笑える者、または老いたる者、若き者、男も女も子供さえも、皆たずさわった仕事、その容易の仕事から、容易ならざる美が生れるとはいかなる摂理でしょうか。明かに一つの位置顚倒《てんとう》が起ってきます。人々はあの天才とか名工とか、またはあの知識とか技巧とかが、器の美を生むのだと考えます。そうして誰々の作ということを尊ぶようです。ですがあの「大名物」の何処にも作者の名は記してないのです。それは民衆の作なのです。名もなく学もない貧しい大衆の作なのです。だがその民衆の手を離れて、あの「大名物」の美はあり得ないのです。あの雅致とか渋さとかは、貧しい質素な世界からの贈物なのです。このことは何を示すでしょうか、あの凡庸と蔑まれる民衆への限りない肯定を語ってくれます。民衆あっての深い美なのですから。

天才を崇め、非凡を讃える心に誤りはありません。ですが一度それが天才ならざる者、凡庸な者への否定を伴うなら、許すべからざる誤謬《ごびゅう》に陥るのです。人に上下はあろうとも、彼等を守護する自然の意志に上下はないのです。「処に南北あらんとも、仏心に東西あらんや」と慧能《えのう》は言ったと伝えます。否、凡庸の運命に陥る者に、自然はより多くの加護を準備すると云えないでしょうか。宗教は善人のみへの福音でいいでしょうか。否、悪人をも摂取する準備なき個所を浄土と云えるでしょうか。宗教は民衆に限りない肯定を与えるのです。同じその肯定が、民藝にも示されていると云えないでしょうか。何よりも作物の美が、肯定されたその姿だと云わねばならないのです。私は救われていない民器を見出すことができません。時としては過ちや粗に落ちたものもあるでしょう。しかしそれは病いから来たのではないのです。その貧しさは不自然なものではないのです。その粗末さにもどこか自然な美しさが見えるのです。あの茶人は「ゆがみ」にも「傷」にも美を認めました。民藝品あの如来の衆生済度《しゅじょうさいど》の誓願が果されなかった場合がないのと同じなのです。救わるたることと「救わるること」とを、二つに分けて考えることはできません。救わるる世界の中で彼等が作られているからです。思えば民藝品は絶大な他力の中に抱かれているのです。

私は安全にこう云いましょう。あの無学と云われ凡庸と云われる民衆も、無限に美しい作を生み得るのであると。彼等自身は無力であろうとも、無力なる彼等を庇護する自然の意志には異常な力があるのです。進んではこうも云えるでしょう。民衆ならでは、あの民藝品の美を産むことはできないのだと。それ故彼等には最も豊に渋さの美、玄の美を生む機縁が托されているのだと。私はなおも進んでこう云えるでしょう。天才の作には時として誤謬がある。有限な自我に立つからである。だが民衆の作に誤謬はあり得ない。自然に従順だからであると。私は最後にこう云いたいのです。民衆は天才より、なお驚くべき作を造り得るのだと。

人々はあの知識がついには一切を支配すると考えます。誰が無学を讃美することができるでしょう。ですけれど同時に私達は知識を過信するほど無知であってはならないのです。いかなる知が無心の深さを越え得たでしょう。かつてあの民藝品であった「大名物」よりさらに偉大な茶器を作り得た個人があったでしょうか。否、偉大な天才は、それ等の民器をこそ目途として、それに達しようと希っていたのです。試みに美しい工藝品の数々を選んでくる時、そのほとんど大部分が無銘の作であるのを気附くに至るでしょう。今の人々はこぞって在銘のものを愛します。だがそれは「銘」を愛し、「人」を愛し、「極め」を愛しているのであって、美そのものを見つめているのではないのです。直観が彼等の判断の基礎ではないのです。しかし一度美に帰る時、いかに在銘の作が、無銘の作に劣るかを目撃するに至るでしょう。

民衆への否定は常に誤謬なのです。工藝の美を支える力は名もなき民衆なのです。あの天才すら及び難い無心の作を産む民衆なのです。読者よ、もしここに在銘の作と無銘の作とがあったら、躊躇《ちゅうちょ》なく後者を選ばれよ。いかに美的鑑賞が進む日が来ても裏切られる場合は決してないでしょう。在銘の作はいつか飽きてきます。これに引きかえて無銘のものは、生涯貴方の友達となるでしょう。

このことは何を語るでしょうか。工藝の美と民藝との間に固い結縁《けちえん》があることを示してくれます。この真理は将来とても変りがないはずです。もし民衆を無視して、工藝の道をただ少数の個人に托そうとするなら、美の正しい歴史はその幕を閉じるでしょう。民衆にこそ美の道が許されているその秘義を、感謝を以て受けることなくして、どこに輝かしい未来の工藝史を予期することができるでしょう。天才を讃美することも吾々には一つの悦びなのです。ですが民衆を肯定し得る場合ほど、幸福なことがあるでしょうか。民藝品はこの悦ばしい音《おと》ずれを語ってくれる使いなのです。

三　民藝の美は何故健全なるか

民藝品から私達が学び得る一つの真理は、健全な工藝の美は何処から来るかの教えなのです。また美がどうして健全となるかの教えなのです。

今日まで工藝の美は「どれだけそれが美術的であるか」によって評価されてきました。したがって美のために作られた物が最高の作と考えられてきました。それ故「美術品」である「貴族的なもの」が高く評価せられ、またそれが美の標準とさえ考えられるに至りました。しかし民藝品に示される美は、かかる標準に根本的修正を迫ってきます。それは私達に次のように教えます。工藝の美を決定するものは、それがどれだけ美的に作られているかということではなく、それがどれだけ用途のために作られているかということであると。

かくして私は安全に次の公理を規定することができるでしょう。美しさのために作った器よりも、用のために作った器の方がさらに美しいと。またはこうも云えるでしょう。上等のものにしろ普通のものにしろ、用のために作らずば美しくはならないと。なぜ前者よりも後者の方に、美しい作がより多くあるか。それは性質上普通の品が、より多く用途と結合するからと答え得ないでしょうか。

一般に「美術的」と云う時、それは現実を遊離し実用の世界を超越したものと考えます。かくして美と用とを分離し、用を離れる時美に近づくと考えるに至ったのです。今の多くの工藝家は用を二次にして、ひたすら美のみを求めているのです。ですがこのことは美術と工藝との混同に過ぎないでしょう。実用を離れて工藝があり得るでしょうか。用途に即さずして工藝の美はあり得ないのです。美を目的として作られるあの高価な品の多くに、工藝としての美が乏しいことに、何の不思議もないわけです。真の実用品たることと真の工藝品たることとは同意義であるからです。用に叛いて美を迎える時、用をも美をも失うと知らねばなりません。

だが私は注意深く言い添えておきましょう。ここに用というのは、単に物への用のみではないのです。それは同時に心への用ともならねばなりません。ものはただ使うのではなく、目に見、手に触れて使うのです。もし心に逆らうならば、いかに用をそぐでしょう。ちょうどあの食物がきたなく盛られる時、食慾を減じ、したがって営養《えいよう》をも減ずるのと同じなのです。用とは単に物的な謂のみではないのです。もし功利的な義でのみ解するなら、私達は形を選ばず色を用いず模様をも棄てていいでしょう。だがかかるものを真の用と呼ぶことはできないのです。心に仕えない時、物にも半《なか》ば仕えていないのだと知らねばなりません。なぜなら物心の二は常に結ばれているからです。模様も形も色も皆用のなくてならぬ一部なのです。美もここでは用なのです。用を助ける意味において美の価値が増してきます。

工藝美はかくして二つの面よりなる一つの真理を語っています。(一)もし用から美が出ずば、真の美ではないと。(二)もし美が用に交らずば真の用にはならないと。工藝においては用美相即《そうそく》なのです。用を離れて美はないのです。これは工藝における根本的約束なのです。この法規を乱すものは美をも乱すと云っていいのです。あの用を忘れて美をのみ求める時、それは「美術」と呼ばれても、「工藝」と名のることはできないのです。用途なくして工藝の世界はないからです。そうして「工藝たること」なくして工藝美はあり得ないからです。今のいかに多くの工藝品は美によって用を殺しているでしょう。否、用を無視しているが故に真の美をも殺しているのです。「美だけ」というが如き怪物は工藝の世界にはないのです。

なぜ民藝品が美しいか、それが用品中の用品だからと云えないでしょうか。人々はそれ等のものを用いずしては、日々を暮すことができないのです。しかもそれは一般民衆の日常生活に最も多く関係してくるものです。私達は民藝品において全き用の姿を見るのです。かくして用に交ることにおいて、ますます美にも交ってくるのです。民藝品は自から美しい民藝品たる運命をうけているのです。用は美を育くむ大きな力なのです。

用とは奉仕なのです。仕える者は着飾ってはいられません。単純な装いこそ相応《ふさ》わしいのです。自からひかえめがちな、静《しずか》な素朴な姿に活きています。人々は呼んでかかる美を「渋さ」と云うのです。奉仕する日々の器でありますから、自然丈夫でなければなりません。繊弱では何の用にも立たないからです。民藝品が何故健康の美を示すか。それは働き手であるからと云えないでしょうか。一番病いに遠いということ、これが美を保障する力なのです。用はものを健全にさせる力でもあるのです。

なぜ貴族的な品が多く病いに罹《かか》るのでしょうか。用を務めないからです。働き手ではないからです。それは多く床に据えられて働くことを厭っています。働くにしては余りに着飾り過ぎているのです。錯雑さがなぜ美を乏しくするか。それは働くに邪魔だからです。働かずば必然体は弱くなります。彼等はおおむね繊弱なのです。錯雑を去り華美を棄て、すべての無駄をはぶいて、なくてならぬもののみ残ったもの、それが民藝品の形であり色であり模様なのです。「なくてならぬもの」、これこそ美の基礎であると云えないでしょうか。

かくして私は何故民藝品が健康な美を示すか、また健康な美が何処から来るかについて明かな答えを与え得たでしょう。用に交ることが美に交る所以《ゆえん》なのです。そうして用を離れる時、美をもまた離れてくるのです。しかも美が生じて用はますます活きてくるのです。私は用と美との間にひそむ結縁に、讃嘆の叫びを抑えることができませぬ。工藝における醜は用と美との分離によるのです。今日の作が悪いのは用を忘れて美を盛ろうとするからです。もしくは用を次にして利を先にするからです。真に用に仕えるものに、悪いものはあり得ないはずです。用が美を生むからです。事実日常品であった民藝品に不健康なものがあったでしょうか。それが悪くなったのは近代での出来事に過ぎません。

用が生命であるため、用を果す時、器は一層美しくなってきます。作り立ての器より、使い古したものはさらに美しいではありませんか。「手ずれ」とか「使いこみ」とかが、器に味いを添えてきます。それ等のものこそ床に飾っていいのです。飾って眺めるのは、長い間の彼等の労役を讃えるためです。その美には奉仕の歴史が読まれるのです。なすべき仕事をなしたその功が積まれているのです。私達がその美を語り合うのは、よく用いられたその生涯の美を語っているのです。

私はここになぜ一つの器に美が現れるかの秘義を学びます。用い難いもの、用に堪えぬもの、それは器ではなく、器の資格はなく、器の意味がないのです。それ故器の美しさもありません。工藝においては用美一如《いちによ》です。

民藝品、それは最も貧しい器物なのです。真に日々の生活に必要なもののみなのです。すべての持ち物のうち一番実際に役立つもののみなのです。そうしてそれは誰もが共通に必要とする普通なものなのです。それなら彼等はすべての私有物のうち、最も平易な罪なきものではないでしょうか。かかるものに美があり、かかるものでなくば深い美が現れ難いとは、何たる冥加《みようが》でありましょう。私達は財物的悪から最も遠く逃れる領域において、最も厚く美の世界に入るのです。この真理こそは新しい啓示と云えないでしょうか。

四　安い民藝が何故美しくなるか

民藝品の有《も》つ一つの特色は、多産の品でありかつ廉価だということです。この二つは一つの基礎に立つと云うことができます。多いが故に安く、安きがためには多く作らねばなりません。これは民藝品の性質であって、多くできずば広く民衆の役には立ちません。また安くなくば雑器として使うことができません。

しかし今日では安い品は「安もの」と云われ、「安っぽいもの」と考えられ、数多くば「ざらにある品」とて軽蔑的意味を受けます。そこには美がないと考えられます。実際粗製品と濫造品とによって代表される今日の工藝から見れば、多産と廉価とは、美への恐るべき反逆に過ぎないわけです。それは醜とこそ結合すれ、美と一致する性質とは考えられません。安価な品が呪いを受けるのは無理がないのです。

ですがかかる現象は、最近の誤った時代に酵されたのであって、かつては「多」

と「廉」とが真に美の保障であったことを見逃すことができないのです。私はすでに稿を重ねて低い民藝品に高い美があることを書き記しました。かつてあったこの事実こそは、来るべき社会に、経済的理想と美的理想とを結合せしむる輝かしい暗示を投げてくれます。したがってこのことは美に対していつも聯想《れんそう》される富貴とか贅沢とか高価とかの概念を根本的に修正する原理を与えるでしょう。

貴族的な品物に見出す二つの性質、僅少と高価とは、それ自身不完全さを示すと云えないでしょうか。わずかよりできず、わずかの人にのみ与えられるということ、すなわち高く価し、富者のみが購い得るということ、そこには明確な社会的ならびに経済的欠陥が現れています。私達はかかる欠陥の上に、今後も工藝の美を依存させていいでしょうか。そこには許し難い矛盾が起ってきます。私達は多く安く作る世界へと工藝を進めねばならないのです。しかもかくすることのみが美を産む所以となるように私達を進めねばならないのです。そこには反撥があると人は云うでしょうが、事実過去の民器ほど、「多」「廉」「美」の三を一に結合し得ているものはないのです。その相互の関係には極めて必然な結縁が潜んでいます。これを破壊したのは許すべからざる近代的罪過でした。

そもそもあのわずかな高価な貴族的な品物の、ほとんどすべてに見られる通有《つうゆう》の欠点は、一つに意識の超過により、一つに自我の跳梁《ちょうりょう》によるのです。一言で云えば工風《くふう》作為の弊なのです。ですが民藝品には最初からまた最後までこの弊が起らないのです。なぜ民藝品には作為がないか。私はこう答えることができましょう。多く作り安く作るからだと。多産は技巧の罪を忘れしめ、廉価は意識の弊を招かないからです。

あるものは一日に何百となく作られます。それも分業であるため、同じ形、同じ模様、同じ色への繰り返しなのです。人はこの反復の単調を呪うでしょうが、摂理はこのことに酬いとして技量への完成を与えます。この完成は技巧をすら忘却せしめるのです。人々は何を作り何を描くかをすら忘れて手を動かしています。そこにはもはや技術への躊躇《ためら》いがなく、意識への患いがないのです。この繰り返しこそは、すべての凡人をして、熟達の域にまで高めしめる力なのです。

多く作る者はまた早く作ります。早さにおいていよいよ技巧への係わりがなくなってきます。それも不安定な早さではなく、確かな早さなのです。否、確かなる故に早いとも云えるでしょう。人々は語らいつつ笑いつつ作るのです。何ができるかさえすでに念頭を離れてきます。ちょうど私達が慣れた道路を歩むのと同じです。そこには工風がなく焦慮がありません。人は安らかな心に住みます。そこは「平常心」の境地なのです。この自然さからすべての美が生れるのです。民藝品の美は生るる美であって、作らるる美ではないのです。この生るる美より、さらに平和な美があるでしょうか。安い器ほど安らかな器はないのです。

自然な美、ここに人々が讃える雅致の美が生ずるのです。あの奔放なこだわりのない活々した美は、ここから生じるのです。初期の茶人達が粗末な民器に雅致を見出し、これを茶器に選んだのは全く正しいのです。ですが後に雅致をねらって、強《し》いて器を工風した時、すべての雅致は死んでしまったのです。それは故意であって、自然の美ではないからです。雅致は多く早く安く作ることなくしては与えられないのです。あの強いて雅致を試みた少量よりできぬ高価な茶器に、美しいものがないのも無理はありません。後代の茶人達は、あの名器がたくさんにできた安ものであったことを忘れてしまったのです。彼等を形でのみ真似る陶工達には、すでに美しい茶器を作り得る心の準備がないのです。後にできた沓形《くつがた》とか傘形とかの茶碗は、例外なく醜いものです。

続いては廉価であるということが、実に美を増す大きな基礎なのです。安いものであるから、強いて美を盛ろうとは工夫していません。あの雑器を作る職人達に何の美的反省があったでしょう。彼等はむしろかかるものを作ることを恥じてさえいたでしょう。だが摂理の車は不思議に廻ります。展覧しようとして工夫したものよりも、見せることを恥じた作の方に、さらに美しい姿を与えました。廉きもの故、とりわけそれに向って作為が加えられていません。彼等はごく普通のものを作るのです。平凡なものを作るのです。彼等は美意識に悩まされずして作ることができたのです。美に向ってはいかに無心であったでしょう。無心とは自然に打ち委せる心です。作るのではなく生れるのです。それ故に美しいのです。自然の知は常に人の知に勝るからです。無想に優る有想はありません。安く作るような事情に自らを入れることは、やがて美に近づく所以だと知らねばなりません。人々は安いものを数多く作る時ほど、素直な安らかな気持でいられる場合はないのです。

安いものを作るのは工藝の趣旨に適《かな》っています。そうしてこれが美にも適うとは、いかに意味深い摂理でしょう。安いものに無限の美を現わすことができるということだけでも充分な感謝です。しかるに安いものでなくば、むしろ工藝の美は現れ難いというに至っては、さらに讃嘆すべき驚異ではないでしょうか。高価なものを作るのは、買い難くせしめることにおいてのみ罪があるのではないのです。かかる作を造ることにおいて、私達は種々な心の病いに入るのです。そうしてこのことは必然に作の美を痛めてきます。高価なものに美しい作が少いのは、天然の罰を受けているからです。私達がもし安くものを作り得る事情に自分を入れるなら、それはやがて心を安らかにし、器を美しくさせるでしょう。

歴史を省ると時代の下降と共に漸次すべての分野において、美が沈んできます。複雑さが増し、技巧に陥り、繊弱に流れてきます。だがこの間に亘《わた》って、比較的この流れに染まなかったのは、独り民間の作物だけなのです。幕末の作を見られよ、高価な工藝には早くも堕落が来ましたが、民器ばかりはほとんど昔の正気を止めています。それは美術的に作るほどの価値がないとされていたが故に、美術的意識の病魔から脱れることができたのです。今も荒物屋の店頭を見ますと、一番下働きの粗末な品々のみには、昔ながらの健康を保っているものが多いのです。

今日の機械生産はさらに安く多く作るではないかと云われるかも知れません。しかしそれは元来用のために作られるよりも利のためでありますから、悲しいかな美と離れてくるのです。そこには多が美と一致する機縁がないのです。今のは多産というよりも濫造であり、廉価というよりも粗悪とこそ呼ばれねばなりません。今日の多と廉とは利を得んとする競争より生じたので、安く売るためではないのです。競争がなくば必ず同じものを高く売るでしょう。言い換えれば今日の安ものは常に最高の価なのです。値段は安くとも質が悪き故、実際に安いのではないのです。裏より云えば安く売ることによって損をしているのではなく、それによってなおも利を得ているのです。それ故時に応じて価は上下します。中世紀のごとく公価であった場合はなく、全く私価であると云わねばなりません。商業主義のもとに、正しい民藝品はあり得ないのです。私的な利と、公な美とが一致することはあり得ないのです。

かくして真理は次のことどもに帰してゆきます。ものが経済的無に近づく時審美的有に結ばれてきます。かくて財的無価値は美的価値に転じてきます。事実あの「大名物」より安かりし器はなく、またそれ等より今において高価《たか》くなった器はないのです。清貧においてでなくば、富有はないと説かれるのと同じなのです。かえすがえすも運命は、計り知れない深さにおいて廻りつつあるのです。

五　正しい民藝はいかなる社会から起ったか

正しい民藝品はいかなる社会から生れたか、なぜ現代の雑器はかくも醜いか、どうして過去の民藝品に悪いものがほとんど見当らないか。これ等のことを省る時、私は彼等の背景をなす社会組織に想い至らないわけにはゆかないのです。

否定できない顕著な事実は、資本制度の勃興と共に、工藝の美は堕落してきました。すべての資本主義は商業主義であって、何事よりも利得が主眼なのです。利の前には用も二次なのです。粗雑なものの醜悪なものが伴うのは、必然の結果に過ぎません。まして商業主義は競争の結果、誤った機械主義と結合します。ここに創造の自由は失われ、すべてが機械的同質に落ちてゆきます。作られるものはただ規則的な冷かなものに過ぎないのです。これを想う時営利主義の許《もと》においては、正しい民藝品が製《つく》られる機会はないわけです。もしこのままに制度が続くなら、正しい工藝の未来はあり得ないでしょう。

これに対し美しい民器が作られたその時代の背景を見るならば、場面は一変するのです。処の東西を問わず、よき工藝が栄えたところには、常に協団の制度があったのです。あるいはこれをギルドGuildと呼び慣わし、また組合とも呼んできました。それは一種の自治体であって、共通の目的を支持する相愛の団体でした。主我に立つ個人の世界ではなく、結ばれたる人間の社会なのです。そこでできるものは今日のような意味での商品ではなかったのです。売るとも利が第一なのではなく、用途が眼目でした。信用は彼等の商業的道徳だったのです。信用され得る誠実な品、使用に堪え得る健実な品、この精神から器の有《も》つ健康な美が生れていました。

この史実から何を学び得るでしょうか。美に義とせらるる世界は協団においてのみ可能なのを示すでしょう。あの利己に基く商業主義と、無我より出ずる美とが反《はん》撥《ぱつ》するものであるのを誰も気附くでしょう。正しい美は正しい社会の反映なのです。私達は上下相叛く世界から、健全な工藝を期待することができません。工藝の将来は単に美への理解によって進むのではないのです。組織への理解なくしては何等の発展も望まれないのです。工藝美は社会美を示すからです。かく考える時工藝の問題は美の問題であるより、むしろ人類の道徳問題なのです。あのラスキンは美を道徳であるとさえ考えました。

民藝の美は協団的美なのです。その背後には結合せられた人間がいるのです。その基礎は個人の力より遥か大きなものです。私達は再び正しい民藝品を甦らすために、今の組織を改めねばなりません。砂上に楼閣を築く者は愚だと云われます。それなら利己的な商業主義の上に工藝の建築を試みる者も愚かなのです。しかしかかる愚かな努力が、今も無益に繰り返されているのです。

協団は結合なのです。結合を来るべき時代の理念と云えないでしょうか。私達はもう個人主義を脱せねばならないのです。個性の表現は工藝における美の目標ではないのです。結ばれたる人間の表現、私達はそれを一層偉大な目標と考え得ないでしょうか。自分がよき作を造るということも悦びです。しかしそれは各自の最少の悦びであっていいのです。大勢と共に救われる道に出ることこそ最大の歓喜でなければならないはずです。万般の目途は自我を越えた大我へと進んでゆきます。その大我にこそ統一せられた人類の影像が見えるのです。優れたる作を熟視してみます。その美がかつて一個性の表示に終っている場合があるでしょうか。そこには結合せられた衆生がいるのです。それは普遍的な美なのです。特殊美は正しい工藝美ではないはずです。その意味で工藝は大道なのです。それは一切の者の世界なのです。私は美しい民藝品の中に、かかる公有の美を発見します。無銘の作に心が引かれるのは、そこに一個性よりさらに大きな衆生の美があるからです。そこに個性の焦慮は休んでいます。私達は安らかな親しみを以て、それ等のものと暮すことができるのです。

ましして各種の工藝は個々に進んではならないのです。建物からすべての調度に至るまで、綜合《そうごう》がなければならないのです。一つの家は一つの有機的存在なのです。そこには統一せられた美がなければならないのです。すべてが互を支持して美を示さねばならないのです。個々の美よりも綜合の美、これが工藝の追うべき目標なのです。だがこのことは人間と人間との結合なくしてはあり得ないのです。近代においてすべての工藝は互に何の連絡もなく歩いているのです。これを正しい歩き方と呼ぶことができるでしょうか。過去の作を見られよ。個人個人の作ではなく、それは統一ある一時代の作なのです。結ばれる一民族の作なのです。そこには結合せられた人類が活きています。それ故工藝のすべての分野によき連絡が保たれてくるのです。よき工藝には秩序の美が見えるのです。かかる美は協団的基礎なくして可能でしょうか。反撥を余儀なくする個人的制度において可能でしょうか。すべての器物に統一を与えるために、吾々はもっと正しい社会を用意せねばならないのです。

最後に私は附け加えましょう。正しい労働はただ協団においてのみあり得るのであると。よき作は仕事への精進と、創造の自由とを切要します。単なる労働の苦痛から何の美が現れましょうや。今日の如き労働の苦痛は間違った資本制度とその許《もと》にある未熟な機械制度とが醇した罪なのです。もし協団の世界へと移るならば、人は進んで労働に意義を見出すでしょう。ただ労働を呪い、その時間を短縮しようとは試みないでしょう。働きに甘んずる時、仕事は誠実に活きてきます。しかしかかる境地は協存の志がなくば不可能です。結合せられた社会のみが真の仕事を産むのです。そうしてかかる世界から生れた廉価な工藝ほど、美的に高く評価されるものはないでしょう。命数は不可思議なのです。少なき酬いに甘んずる品物がかえって絶大な酬いを得るのです。このことを可能ならしめる力は、ただ人間と人間との相互の敬愛に潜むのです。

かつて茶人達は鋭くも民藝品の美を見ぬきました。そうしてその質素な美の中に禅三昧を観じたのです。私達もまた美への鑑賞をそこまで高めねばなりません。ですがもう一歩彼等の触れ得なかった世界に入らねばならないのです。彼等は美の背後にいかなる組織の美があったかを見ないで終ったのです。ですが私達は工藝品の美が協団の美であることを見ているのです。美しいものには組織の美があるのです。協団こそは将来の人類の理念なのです。茶道が美の宗教であったように、私達には協団の宗教が悟得されねばならないのです。私達は協団によって義とせらるる美の世界を、大衆の中に樹立せねばならないのです。協団なくして工藝の美は不可能なのです。協団は救いなのです。民藝品は私にかく教えています。私はそこに新しい工藝の宗教を切に感じるのです。

美の国と民藝

ちょうど科学者が少しでもこの世を真理に近づけたいと仕事に勤《いそし》むように、私は生きている間に少しでもこの世を美しくしてゆきたいと念じている者です。宗教家の身になれば、どうかして神の国をこの世に具現したいと希《ねが》うでしょう。同じように私は美の国をこの世に来したいばかりに、様々なことを考えまた行おうとしているのです。

一

それならどうしたら美によって義とせられる国が実現されるか。このことを用意するためには、どうしても二つのことが根本になると思われます。第一は何が正しい美なのかを明らかにしておかねばなりません。いわば美の標準を定めることです。これがなければ進むべき方向が分らなくなるでしょう。それも能《あた》う限り物に即してその標的を示すことが肝要に思われます。基準は具体的であることがさらに望ましいのです。抽象に止っては活きた力を齎《もた》らし難いからです。

第二にはどうしたらかかる正しい美しさでこの世を広く潤すことができるか。それを実現し得る道筋を見出さねばなりません。それには美が量に交る必要がありましょう。ですがたくさんできるものが果して美と結び合うかどうか。そのことがまず以て明らかにされねばなりません。もし不可能なら吾々の希望は果敢《はか》ない夢に過ぎなくなるでしょう。

私はこれ等の真理を明らかにするために、無数の品物を顧みました。そうしてそこから何が正しい美しさなのかを学ぼうとしました。かくして長い間の経験と反省とはついに一つの結論に私を導いたのです。それはこうでした。美のことについては今までは誰も美術にのみ注意を傾けましたが、美の密意を解くためには、工藝がいかに大切な鍵を与えるかを悟るに至ったのです。そうしてその工藝の中でも民藝が、すなわち民衆的工藝がいかに美の国を来すために、重要な役割を勤めるかを切実に感ずるに至ったのです。のみならず何の摂理か、美の健康さが最も豊《ゆたか》にそこに見出されることを知ったのです。しばらくの間、私のこの信念について心を開いてよき聴手となって頂けたら幸いに思います。

二

様々な作物を前に置いて眺めると、大体これ等のものが二つの種類に分れていることを気附かれるでしょう。もっとも時代を溯《さかのぼ》ればこの区別が薄らいできますが、近世になるとはっきり左右に分かれ、しかもそれ等に位の差さえできてしまったのです。

一つは貴族的な品物で、少数の富者のために作られるもの。贅《ぜい》を尽《つく》すので高価であり、手間がかかって少量よりできませぬ。何がな立派なものを作ろうと意識を働かせ技巧を凝らしますから、華麗なものとなります。それ故装飾が複雑になり、色調が多彩となり、形態が錯綜してくるのは止み難い結果です。一方これとは性質が逆な民衆的作物が眼に映ります。一般公衆のために備えるもの故多量にまた廉価に作らねばなりません。それには簡単な手法や工程をいつも必要とします。のみならず用途を眼目とするのでできるだけ不要な装飾を省かねばなりません。その結果必然に質素なまた単純な性質を有《も》つものが多くなります。

さてこれ等二つのうち何れが美しさで優るかというと、今日までは云うまでもなく貴族品を尊んできたのです。安ものの民器など省みる者はほとんどありませんでした。これも道理であって、一方は金をかけ技を凝らした上等の品でありますから、その美しさを疑う者はなかったのです。まして多くは名工と呼ばれる人達の作物ですから、いやが上にも信頼を得ました。これに比べ、もともと美を目当に作らない品、安いざらにある品が平凡極まるものに思えたのも当然です。それどころか下等な下品な品と思われ、その美しさを省みる者とてはなかったのです。第一そんなものに美しさがあるとは考えられないことだったのです。ですから美の標準は貴族的な品に置かれていました。

常識はこれで筋が通るわけですが、この批判は果して物をじかに見てのことでしょうか。概念的な判断ではなかったでしょうか。技巧と美とを混同しているからではないでしょうか。無名な職人達への侮蔑に由来するのではないでしょうか。

三

ここで私一個人の考えを述べるよりも、私達が皆幼い時から聞いてきた道徳や宗教の教えを省みてみましょう。幾多の聖者や賢人達が教えたことですから決して間違いはないのです。それに依れば奢る者より質素な者の方が神の意に適っているのです。富者は天国に入ることが難しいと云います。自我に高ぶる者より謙遜《けんそん》な者の方が慕わしいのです。徳と交り易いからです。道は異常なものにはなく平常心にあると云います。事なき境地に在る者こそ貴い人だと云われます。技巧よりも無心がもっと大きな働きをなすのです。閑居する者は不善に染まり易く、働く蜂には悲しみの時間がないと云います。

もしこれ等の教えが真実であるなら、貴族的なものに病いが多く、かえって民衆的な品に健康さがあるのは必然な理ではないでしょうか。温室の花は虫に犯され易く、野の花は雨風にもよく堪えるのです。平凡なものだからといって直ちに蔑むのは正しい見方ではないでしょう。それは決して直観が吾々に示してくれるまともな事実ではないのです。品物だとて活《い》きた人間に譬《たと》えられていいのです。質素な器物が徳から遠いものだと考えることはできないのです。人間が正しくなる道と物が美しくなる道と、相矛盾すると考えることはできません。私達は貴族的なものよりも民衆的なものの中に、もっと無事な安全な健康なものが多いのを知るに至るでしょう。何もすべての貴族的なものが悪いと云うのではありません。ですがその性質にいかに危険なものが多いかは明かな事実なのです。同じようにすべての民藝品が皆いいわけではありません。しかしいかにそれ等のものが健康さと結ばれ易いかを見逃してはならないのです。私達はここで貴族的だという性質が何も美の標準とはならないことを、よく了解しなければならないのです。

四

もっとも私はこれ等のことを理論から言い張るのではないのです。物をまともに見て、与えられた真理を述べているに過ぎないのです。美の問題は物に即さずば成り立たないと云ってもいいのです。美しい物を離れた美しさということは、弱々しい思想の影に過ぎないでしょう。美しさへの知識は美しい物への直観と結ばれない限りは、抽象的な論理に落ちてしまうでしょう。

さて様々な品物は私に何を見せてくれたでしょうか。その中から美しい品々を拾い上げた時、そこには貴族的なものも民衆的なものも共に見出されました。しかし次の三つの明かな事実を見逃すことはできなかったのです。

第一　今まで多くの人々から信頼を受けた貴族品には、真に美しいものはかえって少ないという事実。

第二　これに反して今まで無視されてきた民藝品には、美しい品が豊富にあるという真理。

第三　貴族品の中で美しいものは、大概は素材や手法が未だ単純であった古作品に多く、したがってそれ等のものは民藝品を美しくしているのと同一の法則の許《もと》で美しくなっていること。

それで私の見た事実は次の如きことに帰着しました。道徳と同じように、自然さとか謙虚とか質素とか単純とかいうことが、美を育てる根本的な要件であるということです。なぜ民藝品に美しいものが多いか、それは必然にこれ等の性質を有《も》ち易いからと説いていいでしょう。これに反し貴族品にいいものが稀なのは、それ等の性質を欠き易いからと考えて、充分理由が通るはずです。ですから私達はむしろ民藝品の中に一段と豊に美の標準を学び得るのです。この新しい真理こそは、美の問題に対して重大な示唆を含むものではないでしょうか。

しかしこう私は詰《なじ》られるかも知れません。直観でそう見たと云っても、直観は畢《ひっ》竟《きょう》主観的な独断に過ぎなくはないか。勝手に民藝品に美しいものが多いと云っているのではないかと。

しかし直観への否定は美の問題を全く閉塞させてしまうことに外ならぬでしょう。それは直観の性質に対する誤解から来る非難に過ぎないのです。もし独断的なら物をじかに見ていない証拠であってもともと直観ではあり得ないのです。直観は云わば概念以前であって、独断等入る時間すらないのです。直ちに見るのであって、概念で見たり偏見で眺めたりするのではないのです。もし見誤るなら充分に直観が働いていないからです。もともと美は見ることなくしては知ることはできないのです。知ることから見ることは決して生れてこないでしょう。ちょうど活きた樹を根や幹や葉や花に分つことはできますが、切ったそれ等のものから、活きた樹を得ようとしても無益なのと同じです。美しさへの理解の基礎は直観を措いて他にないのです。

五

話をまた中心に戻しましょう。私達のすべてはこの世を美しくする任務があるのです。しかしどうしたら美の国を将来することができるか。よく倫理学者や経済学者は最大多数の最大幸福ということを説きますが、美の領域でもわずかな少数のものが美しくなっただけでは何もなりません。また特別な場合にのみ存在するものが美しくなったとて美の時代は来ないでしょう。それ故少量の特別な貴族品が栄えるより、数多くできる民藝品の隆盛が極めて重要な意味を齎《もたら》すわけです。

ここで量を求める工藝品が、美の領域においていかに大きな社会的意義を有《も》つかを知られるでしょう。たくさんできるということは大きな名誉であって恥辱ではないのです。稀有な美術品をのみ尊ぶ習慣は、決して正当な健全な見方ではないのです。美しさを公衆の所有にすることがいかに大切だかを想いみねばなりません。ですから工藝の分野が衰頽しては美の時代は来ないのです。

この理想を充たすためには、特に人々の生活に、それも平常の生活に美を交えしめることが最も緊要なこととなります。信者は会堂における時のみの信者であってはならないでしょう。普段の生活そのものが信仰生活であってこそ本当なのです。同じように特別な時に美を求めるより、平常の生活に美を即せしめることが何より大切です。この要求に応ずるものこそ民藝であるというのが私の答えなのです。民藝品こそ生活になくてならない用具だからです。何も民藝品ばかりが大切だと云うのではありません。しかし美の国を具現するためには、どうあっても民衆と美とを結び、生活と美とを近づけねばならないのです。その時民藝が有つ使命がいかに大きいかを了得されるでしょう。今日までこの領域の価値をほとんど全く等閑《なおざり》にしてきたのは、多くの批評家多くの美学者達の無理解によるのです。

六

ですが在来の考えの如く、もし民藝品が価値に乏しいものであり、独り貴族品のみが優れたものであるとしたら、いかに大きな悲劇でありましょう。なぜならわずかよりできない貴族品だけでは美の国は到底《とうてい》実現されないからです。贅沢《ぜいたく》な高価な品物のみが美しいなら、大衆と美とは全く交渉がなくなるからです。まして無数にある民藝品がもしも宿命的に美から遠のいたものであるとするなら、この世は結局醜さに包まれて終るでしょう。

しかし何の摂理か、かえって多数な廉価な民藝品に美しいものが豊富にあるのです。民藝品であると云うことと美しい作物であるということとには、密接な関係が潜んでいるのです。そうしてそれ等のものに美の標準をすら学ぶことができるのです。ちょうど一文不知《いちもんふち》の者にかえって信心の精髄が宿るのと同じなのです。そうして下根の凡夫にかえって救いが誓われているあの他力の妙理がここにも見られるのです。凡庸な民器と見過ごされがちな品々に、豊な美が契われているとは、何たる大きな福音でしょうか。これあるがために美の国の具現に対し私は燃ゆる希望を抱くのです。たとえ幾多の難関や障壁が前に横《よこた》わるとも、この事実と信念とは人間の希望をいつも引き立たしむるでしょう。民藝への正しい理解がいかに美の問題にとって大切であるか、このことが多くの人々に了解される日の来るのを信じたく思います。私達はただ言葉ばかりではなく、物を通してじかにこの真理を宣《の》べ伝えるために「民藝館」を興しました。私達は多くの読者がそこに足を運ばれ、美についての幾多の真理を想いみてくださる日のあることを望んで止まないのです。心を虚しくされるなら、品々はこの上なき真理を貴方がたに囁いてくれるでしょう。

七

それに民藝品が特に注意されねばならない大事な理由の一つは民族性や国民性が一番率直にこの領域に現れてくるからです。嚮《さき》にも述べた通り、様々な工藝の中で最も吾々の日常生活に深い交りを有《も》つものは民藝です。民藝こそは国民生活の一番偽りなき反映なのです。それもまがうことのない具体的な形をとる表現なのです。それ故民藝の興隆こそは、国民の文化を固有なものたらしめる力なのです。もし民藝が衰頽するなら、やがて国家はその特質を喪失するに至るでしょう。

かかる国民的性質に充ちた民藝が、自から手工藝と結ばれ易いのは必然なのです。なぜなら機械工藝は科学的原理に依るために、各国とも多かれ少かれ共通な道を進みます。それがために国民的色彩が乏しくなってくるのは止むを得ないのです。これに反し手工の道は土地の伝統や材料に依るところ大きく、必然に民族的な特色を鮮かに示してくるのです。そうしてかかる民藝が都市よりも地方に根強く残っていることは云うまでもありません。近時地方文化の価値が再認されてきましたが、それは特色ある国家を再建するために、是非ともなければならない基礎なのです。国家はその独自な表現を今や地方の民藝に托していると云っても過言ではないのです。民藝をおいて国民の率直なる具体的表現は他にないからです。民藝に健全なる発達を与えることこそ、独自なる国家を世界に示す所以となるのです。

さて、以上の論旨を要約すると、単純とか健康とかいう美の目標が、最も豊《ゆたか》に民藝の領域に見出せるということ。そうして美が生活に即するものは、かかる実用的な民藝をおいて他にないこと、しかも特色ある民藝こそ、民族の独自性を最も如実に表現する力であること。したがって民藝の健全なる発育と、美の国の実現とが、いかに密接な結縁を有つかを知らねばならないのです。

日本民藝館について

一

私はよくこういうことを想像します。もし民藝館のような仕事を誰か他人が何処かで企てているとしたら、どんなに私は感心するであろうかと。そうして誰にも劣らず讃辞を惜しまないであろうと。そうして啻《ただ》にたびたびそこを訪れるのみならず、進んで広く紹介する役割をかって出るであろう。陳列を終る時、私はよくそう考えるのです。これを強《あなが》ち自分に酔う愚かな者の空想だと思うわけにゆきません。それほど民藝館の仕事に私達は一つの信念を抱いているのです。

民藝館は日本における唯一の存在なのです。こういう性質の美術館は、かつて企てられたことがありませんでした。当然存在しなければならないので、私達が代ってその任務を果しているのです。啻に日本において唯一のみならず、世界でも類例の稀な存在だと思っています。私共は随分世界の美術館を見ましたが、多少似たものはありますけれど、この民藝館のように美の目標を定めて、統一された蒐集と陳列とを行っているものはないように思います。未だ出発でありますから規模は小さくありますが、あるいはこの位の程度の大きさの方が、かえって鑑賞されるには適宜かと思われます。

二

それならどういう点で他の美術館と違うのか。どんな美術館でも、事情の許す限りいい品を集め、それを陳列しようと欲していることに変りはありません。ですが「いい品」とは何なのかということになると、実に曖昧《あいまい》なのです。ある人は歴史的に貴重だということに重きを置き、ある人は伝来の由緒を尊び、ある人は在銘のものを敬い、ある人は技巧の精緻なものを美しいとし、ある人は稀だということに心を惹かれ、ある人は完全な品だということに貴さを見るのです。いわば色々な立場があって、色々なものが集っているのです。美術館が大きくなり、館員が増すにつれ、ますます見方が区々《まちまち》で統一を保つことが困難なのです。色々の異る意味でいい品が集めてあるということで満足するなら、それでもよいのですが、しかしいい品と見做《みな》すその根拠が大概の場合実に薄弱なのです。なぜなら歴史的に有名なものの必ずしも美しくはありません。由緒の深いもの、在銘のもの、皆いい品だとは云われません。技巧の勝ったもの常に優れた作だとは云えません。技巧と美しさとは必ずしも一致してはいないからです。また稀な品や完全な品を非常に大事にする人がありますが、それ等のものが必ずしも常に美しいとは限りません。珍しいものは本筋のものでなかったり、完全なものが冷たかったりする例は実に夥《おびただ》しいのです。ですからそういう立場で、ものを選ぶということは基礎が弱いのです。その結果はどうかというと、必ず選択が玉石混淆に陥るのです。立派なものの傍らに見るに堪えない品が列《なら》んでいる例は余りにも多いのです。見方が本質的なものを欠くからだと思います。こういう意味で真に統一のある美術館は稀の稀なのです。美術館でありながら醜い品を列べていない所はほとんどないと云っても過言ではありますまい。もっともある上代の品ばかりを列べているような美術館には、よく統一のとれたのがあります。しかしそれは見方があって統一されたのではなく、時代のお蔭で統一されているに過ぎないのです。

三

真に美しいものを選ぼうとするなら、むしろあらゆる立場を越えねばなりません。そうしてものそのものを直接に見ねばなりません。立場は一種の色眼鏡なのです。ですから知識で見たり概念で見たりしたら、末葉の性質に引っかかって、本質的なものを見逃してしまうのです。ものの美しさは何よりも直観に依らねばなりません。これも一種の立場だと云われるかも知れませんが、直観ほど純粋なものはなく、いわば立場を越えた立場と云っていいでしょう。知識は補助としては役立つことがあっても、ものの真価を見極めることはできません。もし直観を充分に働かせたら、美しさの世界はどんなに変化を受けるでしょう。今まで有名なあるものは価値を失い、今まで省みだにしなかったものが燦然と輝いてくる場合が起るでしょう。そういう直観から統一された美術館がどうしても欲しいのです。民藝館はこの要求から起ったのです。それ故直観から美しいと感じたもののみを列べる陳列館なのです。いわば美的価値を中心とした美術館なのです。在来の美術館にはかかる価値統一がほとんどないのです。ですから民藝館は今までの見方に対しては勇敢な反逆でもありました。私達の見方がしばしば奇異に想われたのもそのためです。ですが私達の信念はゆるがないのです。民藝館は信念の仕事なのです。

四

民藝館を始めて訪《おとな》われる方は、その陳列品の実に九割以上も今までどの美術館にも陳列されたことがない品なのを気附かれるでしょう。あるいは余りしばしば見ているため、今まで価値を認めなかったものもあるでしょう。ともかく私達は今までいかに美しいものの多くが等閑に附せられ、またいかに多くの醜いものが過剰な讃辞を受けて来たかに驚かされます。ですから民藝館の材料は斬新なのです。私達は摸倣して集めはしませんでした。有名なものだからとて誤魔化《ごまか》されはしませんでした。今まで認められている品物でも、新しい見方から見直したものなのを信じます。集めて見ると私達が選んだ品物の大部分は、今まで誰からも真面目に取り扱われてはいなかったものなのです。鑑賞家や歴史家や美学者達からも正当な認識を受けることなく放置せられたものでした。

私達は別にこれとて自慢していいほどの学識の持合せはありません。ですから知識や理論から出発して選んだのではないのです。しかし純粋な直観からものを見直した点で、今までの誰よりも幸福であったと思います。私達は活々した多くの感激を味ってきたのです。品物はうぶな姿で私達に接しました。それは多くの場合発見でした。歴史家の叙述やこの世の評判等に左右されることはありませんでした。他の人々の知識は余り役立ちませんでしたので、私達は私達自身で歩くより仕方ありませんでした。民藝館はそういう事情のもとに在る親しい幾人かの友達の協同の所産なのです。

五

さて、それなら何故この美術館を「民藝館」と名附けたのか。この名前によって、私達は私達の意向をはっきり標榜《ひょうぼう》しましたが、同時にこのために色々誤解を受けました。今も誤解されていることに変りありません。「亡びゆく民藝派」等と揶揄《やゆ》する人まで出ました。私達が様々な美しい民器を取り上げた時、また雑器に見出される美を説いた時、しばしば嘲弄《ちょうろう》をさえ受けたものです。今は事情が変りましたが、もう十年も前は多くの人々の眼は開かれていませんでした。

もともと民藝という言葉は「民衆的工藝」の意味で、私達が便宜のために創作したのです。私達が感嘆する部類の工藝を、云い現わすべき適宜な言葉を他に探しましたがありませんでした。しかしこの新しい言葉も、非難する人、弁護する人等のお陰で、迅速に広がり、今ではほとんど誰もの口に上り、辞典にまで載るに至りました。何故私達が民藝品の価値を重要視するに至ったか。前にも述べた通りそれは決して理論から主張したのではないのです。概念から決めてかかったのではないのです。実は吾れながら驚くほど単純なことに過ぎません。直観から多くの品物を眺めて、美しいと感じたものを選び出した時、実に次の二つの事実を見出したからなのです。

一　その多くが民衆的工藝品でした。今まで大切にされていた貴族的な品物には真に美しいものがかえって少ないのに気附きました。そうして今まで馬鹿にされてきた民衆的な品物に、無数に美しいものが見出されました。このことは美しい工藝品が在銘品よりも、かえって無銘品の中に多いことを如実に立証するものでした。いわゆる「上手物《じょうてもの》」よりむしろ「雑器」と蔑まれているものの中に、多くの美しいものを見出しました。私達はたびたび例証として引き合に出しましたが、かの万金に価する茶器、すなわち「大名物」はことごとく民器なのを知らねばなりません。健康な工藝品は民藝品に多く、病的な工藝品は貴族品に多いというのが、疑うべからざる事実として吾々の前に展開されました。この世に生れた最も美しい工藝品を陶器なり織物なり各部門に亘って幾何《いくばく》かを選ぶとしたら、その一切が無銘品なのに気附かれるでしょう。

二　ですが何も民藝品ばかりが美しいのではありません。上等の品にも美しいものが見出されます。特に上代のものにおいてその傾向が多いのです。ところがそういう美しい上等品に限って、手法なり形なり模様なりが、単純で素朴で、貴族的ということにつきまとう華美な性質が少いのです。ですからそれを美しくしている法則は、全く民藝品を美しくしている法則と共通なのを見出します。それは貴族的だから美しいのではなく、むしろ簡素だから美しいのです。この簡素とか健康とかいうことは、民藝品の一特質と云っていいのです。ですから美の法則を知る上に、いかに「民藝美」が重要な鍵を与えるかを体験するに至ったのです。

ですから民藝館は必ずしも民藝品ばかりを列《なら》べる所ではありません。ただそういう品が必然に多いというまでなのです。しかし民藝美への理解が美そのものを理解する上に根本的に必要でありますから、その趣旨を明確にするために、美術館とは呼ばずして「民藝館」と名附けました。民藝館に来られてある種の品物を指し、「これは民藝品ではなく上等な品ではないか」と云って、反問される方が時々ありますが、私達には歯痒《はがゆ》いのです。私達はそれがいかなるものであるにせよ、美しい品を並べているので、それが上等のものか普通のものか、それにこだわってはいないのです。ただ前述の通り、美しいものの非常に多くが民藝品に見出され、かつ上等品でも民藝的な簡素な美しさを有《も》つもののみが真に美しいのだということを示したいのです。ですから民藝ということは一つの美の目標を語る言葉として用いているのです。

六

これで民藝館の任務を了解せられたでしょう。その重要な使命の一つは混沌とした鑑賞界に明確な一つの美の目標を確立することにあるのです。私達は在来の見方に大きな修正を必要として、この「民藝館」を公衆に贈るのです。これは少くとも今までの日本のどの美術館も試みなかった所です。否、これほど明確な標準から統一した美術館を建てている国は外国にもないかと思われます。

私達は多くの蒐集家の蔵品も見ました。またできるだけ歴史家達の著書も省みました。しかし残念なことに大概の場合一つの幻滅を感じるのです。それは正しいものと間違ったものとの区別に対しはっきりした判断を有《も》つ人が少いことです。美しいものを賞《ほ》めると同時に、きまって醜いものを賞めているのです。玉石の区別に対して非常に曖昧《あいまい》なのです。そのことは本当に美が分っているのではないことを告白するに等しいでしょう。今は実に何よりものを見る眼の力が衰えた時代だと思います。器物の美しさが分っているべきはずの茶人達でも、醜い茶器を弄ぶ習慣から全く自由になり切ってはいないのです。つまり何が真に美しいかを見分ける力を有つ人が少いのです。むずかしく言えば価値問題について多くの人は正しい見解を有つことができないのです。この世に美学者や美術史家は多いのですが、真に美の見える学者達にほとんど出会ったためしがありません。しかし美術館が、美しい品を列《なら》べるべき使命を帯びている限り、美的価値のことについて曖昧なのは許すべからざる怠慢だと思われます。民藝館の使命はこの美的価値の問題に、明確な一つの答案を送ることにあるのです。

七

ここでもう一つ是非言い添えたいことがあるのです。この問題は恐らく多くの方々にとっては、未だ分りにくい難渋なことかも知れませんが、私共にとっては特に述べたい事柄なのです。それはこの民藝館に陳《なら》べてあるものは、各種のものに亘ってはいますが、常に工藝が中心で、いわゆる美術が中心ではないということです。なぜなのか。今日までは美しさの標準はそれがどれだけ美術的であるかによって評価されてきました。しかし私達の考えではむしろそれがどれだけ「工藝的」であるかによって、価値が決定されると思えるのです。ものが工藝的たることと、ものが美しくなることとには密接な関係が潜んでいるのです。ここでも直観は私達に次の二つのことを明かにしてくれました。

一　物が何であるにしても、美しいと思ったものを選んだ時そのほとんど大部分が工藝の部門に属することに気づいたのです。普通は美術の前には工藝の位置など認める者がなく、美のための美術が、実用のための工藝より遥か美しいものだと信じられていました。しかしそれは概念的な見方なのであって、むしろ用と美とが結合されたものが一番健康な美の性質を示していることを知ったのです。個性的な美術よりも非個性的な工藝にもっと深い美を見出したのです。

二　しかし何も工藝品ばかりが美しいのではなく、いわゆる美術品と見做されている品にも多くの価値あるものが見出されます。しかしそれ等のものを選んでくる時、それは実に美術的なる故に美しいというより、工藝的なる故に美しいと説くべきなのを知ったのです。すべての美術品はそれがどれだけ工藝的な美しさに入っているかで、価値が決定されるのです。例えば東洋の彫刻では漢代のものや六朝仏が一番だと思いますが、それは工藝的な性質においてのみ、その美しさの密意を解くことができると考えるのです。それ等は用途と密接な関係があり、個性よりも伝統の表現であり、美しさにも模様風な様式化が見られるのです。これ等の性質こそは工藝の性質ではないでしょうか。民藝館の存在はかかる意味で「工藝的なるもの」の美を語るためなのです。

ですから「民藝館」の抱負は、美学に対し一つの革命を起そうとしていることです。美に対する在来の見方は全く因襲に捕われたものと思います。

八

このほか私達は二つのことについて書き添えねばなりません。一つは陳列のことについて、一つは新作品に対する仕事のことです。

美術館は美しい品を陳《なら》べる場所ですが、不思議にも美しく陳べている所は非常に少いのです。何をどういう位置におくか、光はどうか、互《たがい》の色どりや大きさはどうか、これを列《なら》べる棚はどんなものが似合うか、これ等は当然考慮に入れるべきことですが、結果から見ると感心させられる陳列は非常に少いものです。もっとも陳列は優に一つの藝能なので、誰にでもできるとは云えません。しかるに一般の美術館ではそんな藝能のある人を特別にかかえてはいません。棚の形の如きは最もむずかしいものですが、金をかけていながら随分醜いものを用いている所が多いのです。物がよくとも列べ方がまずかったら、物はその美しさの半《なかば》を失うでしょう。私達は事情の許す限りできるだけ陳列に留意しているのです。そうして陳列場はとかく冷たくなりがちですから、なるべく家庭的な住宅的な雰囲気を作って、ものに親しんでいただきたいと考えています。美しく陳列してある点でもそう引け目はとらないつもりです。光を柔らげるために障子を用いたり、また床を設け地袋に留意したりしてあるのも、和様の暮しを活かしたいためです。

陳列されているものは各種の工藝品や絵画彫刻に亘《わた》っていますが、その過半数は古作品です。時代は徳川期のものが多いのです。それ以前のものはなかなか得難いのと、工藝が民衆のものとなり、純日本のものに消化されて発達したのは、むしろ徳川時代なのですから、この時期のものが多いのは必然なのです。しかし私達はこの民藝館をただ古い品物の陳列場にしたくはありません。むしろそれ等のものは参考品としてであって、これから学んだ多くのものを新しい作品に植えつける仕事がしたいのです。ですから必ず一室は新作工藝の陳列に当てています。かつ春秋には欠かさずに新作展を開催しています。新しい時代を負う工藝界と多くの交渉を有《も》ちたいのが吾々の念願なのです。それで未来のある新しい作家を見出したり、地方工藝の現状を調査したりすることは、吾々の年来の悦ばしい仕事でした。北は陸奥の国から南は琉球に至るまで、私達が蒐集した現存する地方民藝品の数はかなりな量に上ります。それ等の国々の工人達との接触もようやく頻繁になってきました。ですから農村工藝の展観も吾々のしばしば試みているところです。未だ小規模の美術館ではありますが、この民藝館ぐらい多忙に仕事をしている所は、少くとも日本には例がないかと思います。それに為《し》たい仕事が山ほど目前にあるので、皆腕をさすっているのです。

九

民藝館というと、何か偏頗《へんぱ》な立場に立った見解の狭い特殊な美術館だと思われるかも知れませんが、そんな考えを棄てて品物を悦びに来てくださることを望みます。私達は美しい品物を、共に悦び合いたいためにこの民藝館を建てたのです。品物については私達を信じてくださっていいのです。進んでそこから美の目標について多くのことを学んでくださったら、吾々にとってもこの上ない幸《さいわい》です。

追記

始めて来られる方のために道筋を書きます。知らないと遠い所のように思われますが、渋谷からわずか数分よりかかりません。一番便宜なのは渋谷駅から帝都電車で三つ目の駅「駒場」で下車、西へ二丁です。もし自動車でお出の方は、「航空研究所」と「前田侯邸」との間の通りと云われればよいのです。番地は「目黒区駒場町八六一」です。よく駒場を駒沢と間違える運転手があるので御注意ください。毎日午前十時から午後四時まで開門。ただし毎月曜日及び大祭日は休館。ちなみに観覧料は一人三十銭、学生は半額。終りにこの民藝館の敷地および建物は大原孫三郎翁の好誼によってできたものであることを申添えたく思います。開館したのは昭和十一年十月でした。

日本民藝館は東京都目黒区駒場四−三−三三（〒一五三−〇〇四一）。京王井の頭線「駒場東大前」駅下車、西口より徒歩七分。開館時間は午前一〇時から午後五時まで。原則として毎週月曜日休館。入館料は一〇〇〇円。http://www.mingeikan.or.jp（二〇〇六年九月現在）。

民藝の性質

吾々は皆個人主義時代に生れた子供達です。個人の意識が擡頭《たいとう》してから歴史はすでに数世紀を経ました。藝術の領域では文藝復興期に始まり、哲学ではデカルトに起ったと云われます。中世時代の「神中心」'Theo-centric'の思想が廃れて、「人間中心」'Homo-centric'の思想が勢いを得ました。それ以来力のある個人を中軸として世界の歴史が動き始めました。私達は英雄崇拝の教えに育てられてきました。

個人主義は個人の自由を標榜する主張です。それ故これは自由主義と深く結合しました。経済においても哲学においても文学においても個人主義に許《もと》づいた自由主義がすべてを風靡《ふうび》する概がありました。私がこれから述べようとする美の領域においても近世に関する限り、この思潮が圧倒的な力でした。誰も知る通り個性の表現ということに藝術家の目標が置かれました。そうして個性に立つかかる作家を人々は「美術家」と呼びました。ですから近世において「美術家」という言葉は重い意義を有《も》ち、したがって社会に高い位置を占めるに至りました。

かかる美術家の作ったものを、特に「美術品」'Fine art'という言葉で現わし、職人達の作るものと区別するに至りました。云うまでもなく、これは個人作家が美の表現を第一の眼目として作った自由な作品を意味するのです。ですからかかるものを「純粋藝術」'Pure art' と呼びました。それは「実用品」'Practical art' と同一視するべきものではないと考えられているからです。私はこれ等の趨勢《すうせい》が、時代の要求として成し遂げた大きな働きについて疑うものではありません。幾多の個人的天才が立派な仕事を残しました。

ですがモリス William Morris 以降、造形美の領域は、「美術と工藝」'Arts and Crafts' という二つの言葉に分離され、また「藝術家」'Artist' に対し「職人」'Artisan' という言葉を対峙《たいじ》的に用いるようになりました。見る美術と用いる工藝とは格が違うと考えられました。もとより人々の尊敬を集めているのは美術家の作る美術品です。

しかしここに注意しなければならないのは、これ等の対立する言葉は歴史が未だ浅く、古くは同一の意味があったのです。Art も Craft も共に技能 Skill を意味し Artist も Artisan も共に工人 'Artsman' を意味しました。しかし近世において個人主義が美の領域を支配するにつれ、その間に漸次区別ができ、工藝に対して美術は上位にあり、また職人に対して藝術家は高い階級を獲得するに至りました。

ですから美の標準は「美術」の上に置かれました。ものが美しい時、人々は「美術的」'Artistic' という形容詞を用いるに至りました。人々は決して「工藝的」'Craftistic' という字を用いません。工藝は実用と交る一段位の低いものに考えられているからです。

かかる趨勢を要約すると、人々が尊んだ近世の作品は、三つの基礎の上に立っていることが分ります。

第一は個人の上に立っていることです。自己の表現をおいて、深い美はないと考えられているのです。

第二は自由を出発としていることです。一切の拘束から解放されずして、真の美はないと考えられているのです。

第三は純粋に美を追えば追うほど、その作品が藝術度を増すに至ると考えられているのです。ですから実用性からの離脱が求められてくるのです。

これ等の三個の性質を具備したものを、純粋美術として崇めました。ですが果してこれ等の事柄が最も正しい美の基礎でしょうか。美の目標をこれ等の性質に置いていいでしょうか。

第一に個性の美も一つの美を形造るという事を否定することはできません。しかし美における個人主義は果して最上の立場でしょうか。また最後の立場でしょうか。少くとも美を個性の表現に止めるのは狭い見方に過ぎないでしょう。歴史は吾々に非個人的な美しい作品の数々をかつて示し、今も示しているからです。個人的美術家が現れる以前の中世時代においては絵画も彫刻も音楽も個人的なものではありませんでした。あの美しいバンベルグやシャートル寺院の彫刻は個人主義から発したものではありませんでした。あの支那六朝の仏像はどんな卓越したものにも作者の名は記してありません。例を農民工藝のようなものに取るならなおさらです。それは何も個人的天才の所産ではありません。それを想うと個人的性質は何も唯一の美の基礎とはならないのです。個人的なものより超個人的なものにもっと大きなもっと深い美があるでしょう。自己に局限された個人は小さなものではないでしょうか。私は十四世紀の独逸《ドイツ》の神秘家の一人であるエックハルト Meister Eckhart の次の言葉を忘れることができません。

「我あり」という言葉を真に用い得るのは神のみである。

さて、第二には近世の美術に示された自由主義です。美が伝統の弊害のために固定化してきた時、これを解放してくれた自由主義の功績を忘れるものではありません。しかし自由は常に正しい意味での自由ではありませんでした。それはしばしば気儘な個性を意味しました。自由な振舞は美術家の特権であるかの如く考えられてきました。その自由の主張はしばしば極端に広げられました。近世の美術を通覧すると異常なものがいかに多いかに気附くでしょう。多くの天才は悪魔的なもの、廃頽的なもの、虚無的なもの、神経的なもの、時としては醜悪なものにさえ、美の対象を求めました。しかしこれ等の自由藝術が吾々に示したものは、畢竟《ひっきょう》変態的なもの、病的なものに外ならないでしょう。これ等のものも一種の美ではあり、ある時代に存在理由を有《も》つものではありましょう。しかしこれ等の美によって人間の幸福が約束されたわけではありません。またかかる異常な美が最高のものとか最後のものとかいう意味にもならないのです。ある過渡期の特殊現象というまでに過ぎないのです。美の世界での自由主義は、多くの秩序を破壊しました。多くの貴い伝統を犠牲にしました。私達は自由主義美学に満足することができないのです。

第三に美術の観念は美を実用性から隔離させました。このことは美と生活との離婚を意味しました。そうして一般の民衆と美との間柄を疎遠なものにしました。しかし中世紀以前のものを省みますと、かつては実用から深い美が生れたことを示してくれます。それらの時代の絵画も彫刻も音楽も皆宗教的実用性から発したものでした。純粋に美を追う美術ではなく、生活に最も必要なものばかりでした。それは人間の生活そのものを深め温める日々の伴侶でした。しかも実用性はそれ等の美を決して卑しいものにしませんでした。グレゴリアンの頌歌は当時のジャズではありませんでした。実用性と美とを背反するものの如く考える美学に、吾々は満足することができないのです。美の標準を「用途」から遊離した世界に置くことは、生活を深める所以ではありません。

かく考えてくると、美術に対し今まで低い位置に追いやられていた工藝が重い意義を齎《もた》らすではありませんか。私は文化問題において、工藝問題の意義が極めて重要であることを信ずる者の一人です。将来の美学は工藝学に依るところが大きいのを疑うことができません。

ここでちょっとお断りしておきたいのは、工藝という言葉の内容です。御承知の通り産業革命以来、工藝は二分野に分れ、機械製品と手工藝とが対立するに至りました。前者はある意味では進歩した道ではありますが、不幸にも貪慾な商業主義と深く結合したため、品物を粗悪にしました。それに機械が発達すればするほど人間がそれに支配されるため、工人達から責任の念や仕事への歓喜の情を奪い取りました。ですからできたものは多くの場合冷たくまた粗末なのです。それ故工藝の正しい性質は今なお手工藝の方に保有されているのです。労働への悦びも、仕事への道徳も、手工藝の方には豊《ゆたか》に見出すことができるのです。それ故工藝と呼ぶ時、私は手工藝を以てこれを代表さすことが至当だと考えます。

美術よりも工藝の方が将来重大な意味を齎らすということは、啻《ただ》に美学の方からのみではありません。工藝品は美術品よりも、もっと多く社会的意義を有するからです。美術品は少数の才能ある美術家達が少量に作る製作に外なりません。したがって高価であって、購う側も少数の金持に限られてくるのです。かかる非社会性は、美の王国を実現するためには力弱いものに過ぎないでしょう。私達は美と民衆との結合を計らなければならないのです。工藝の宣揚《せんよう》をおいてどうしてこのことが可能となるでしょう。美の社会性を想う時、工藝は特別に重大な存在となってくるのです。しかし工藝と云っても一様ではありません。そこには明かに二つの大きな流れがあるのです。

第一は貴族的工藝であり第二は民衆的工藝です。今日まで尊ばれてきたのは前者です。何故ならそれは工藝界における美術品と呼んでもいいからです。貴族的工藝はしばしば個人の作品でした。または名人の所産でした。材料を精選し、技術を凝らし、装飾を尽し、色彩を豊にし、贅沢を極めた高価な品物でした。もとより数多くはできないのです。それ故上等品と考えられ、また美術的なものとして尊ばれました。これに比べるなら一般民衆が用いる民器の如きは低級な美より示し得ないものとして侮蔑されました。ですがこの美の標準は正しいでしょうか。果して貴族的工藝を工藝の大通りと考えていいでしょうか。

私の考えではこの種の工藝を偏重するのは、やはり個人主義的見方の惰性に過ぎないと思えるのです。いわゆる美術品を上位に置く見方に拘束されているからです。貴族的な作品にまつわる著しい欠点は装飾の過剰ということです。技巧の不必要なる跳梁《ちようりよう》です。形態は錯雑《さくざつ》となり、色彩は多種になり、全体として軟弱な感じを免れることができません。これも明かに一種の病状を示した藝に過ぎないのです。そうして工藝品とはいうものの、用途から離れて、ただ見るための品物に傾くのを如何《いかん》ともすることができません。かかるものはむしろ傍系のものであって、そこに工藝の本流を見出すことはできないのです。

かく考えてくる時、いかに今日まで見下されてきた一般民衆の日常の用具、すなわち私が「民藝」'Folk-craft' と呼ぶものが、美の領域において重要な意義を齎《もた》らすかを見られるでしょう。民藝は民衆のために民衆の手で作られる日々の用具なのです。いわば生活と切っても離れぬ存在なのです。かかるものは普通の品であり、数も多く価も安いために、今日まで卑賤なものとしてその価値を深く省る人がありませんでした。

ですが日常の用品だというこの性質に積極的な意義がないでしょうか。その質素な謙虚な性質の価値は見直されていいのです。宗教においてこの真理は早くから説かれていました。イエスは知識に誇るパリサイ人よりも、無学な漁師や農父に好んで話しかけました。または謙遜深い女達を相手にしました。また金持よりも嬰児《えいじ》の方がいかに天国に入り易いかを説きました。あの聖フランチェスコは貧の徳を何よりも尊びました。仏教においても道教においても無心なる者の深さが説かれました。真理は美の世界においても変るところはありません。民藝は器物の領域において質素なもの謙遜なもの無心なものを代表します。私は何も特殊な見方で美を論じているのではなく、多くの優れた宗教家達が体験したことを美の領域で説こうとしているのです。不思議ですが人類は幾つも宗教的聖典を有《も》っているにかかわらず、美の聖書は未だ一冊も書かれたことがありません。多くの人がこれがために美の目標を見失っているのではないでしょうか。

それなら民藝の美の特質はどういう点にあるのか、この質問は少なからぬ重要性を有つのです。何故ならこのことを明かにすることは、やがて美の本質、進んでは美の標準を規定することになるからです。そうしてこれは新しい美学を要求しないではおかないでしょう。

第一は実用性ということです。美が用途と結合しているということです。いわば生活に即して生れてくることです。このことこそ美を健実なものになすのです。美を生活の外に追いやるべきではなく、その内面に見出さねばならないのです。「神は汝爾《なんじ》の心の裡にある」といった宗教の教えは同じことを述べているのです。日本では幸い茶道がこの真理を吾々に教えました。茶道は「生活の美学」と称してもよく、用いる器物の中に美を示しました。そうして茶人達が選んだ美しいそれ等の器物はことごとくが民藝品であったことに注意せねばなりません。

第二に実用品であることは常に多量に作られることと、それが廉価であることとを求めます。これ等のことは今まで美を低級なものにする条件のように思われていましたが、これは間違った考え方でしょう。多く作ることや安く作ることがかえって美を生む場合がたくさんあることを知っていいのです。少くとも少量よりできないことや、高価なものよりできないことは、社会的に経済的に満足すべきことではないのです。吾々の理念としては美しいものをたくさん安く作ることです。進んではたくさん安く作ることでますます美を生む道を見出すことです。民藝はこの要求に答えるものです。

さて、第三の民藝美の特長は、平常性ということです。嚮《さき》にも述べた通り、近世は驚くべき雑多な美を産みました。そうして何か変ったものを求める結果、ついには極端な異常なものに美を見出そうとしました。そうしてしばしば病的なものに陥りました。しかし人類はもう一度美を常態に戻さねばならないのです。私が民藝に心を惹かれる一つの大きな理由は、そこに豊富に「常態の美」を見出すからです。

昔支那に南泉という坊さんがいました。ある時弟子が彼に「道とは何か」と尋ねました時、南泉は「平常心是道なり」と答えたと云います。私は日常の器物にこの教えを聞く想いがします。私の経験と理論との到達した結論は平常美が結局美の最後の標準だということです。今の多くの人はこの尋常ということの価値を認識し難くなっているのです。それは今まで余りにも異常なものが讃美されてきたからです。しかし尋常ということの方がもっと深い根底を有つことは、夙《つと》に禅宗等の説く所でありました。民藝は'Normal art'と呼ばれていいのです。もしも'Normal'という言葉に親しさがないなら、これを'Natural'という字に替えてもいいでありましょう。最も自然な状態にある美は結局最も美しいのです。

第四にこれにつれて民藝の美の著しい特色は健康性ということに外なりません。美に様々な姿があろうとも、健康美は結局最も多く社会の幸福を約束するものだと云わねばなりません。幸いにも様々な工藝品の中で、一番働き手である民藝品は、必要上一番健康に作られているのです。人間の場合と同じく健全な肉体や精神の所有者でなくば、充分な働きをなすことはできないのです。これに比べるなら用途を離れた飾り物や、神経の端でできた繊弱なものは、一番不健康な姿を示しているのです。それ等は、労働に堪えない軟弱な存在に過ぎないのです。そういうものに美の標準を置くことはできないのです。健康であることは自然の意志そのものに適うのであると云わねばなりません。

第五の特色は単純性ということです。民藝品たることは質素な簡単なものであることを要求してきます。単純美は民藝美の特権であるとさえ云えるのです。豪奢《ごうしゃ》な着飾った高価な器物は、時として人間界においては高い位を得るかも知れませんが、神の国ではきっと低い位置より与えられないでしょう。質素なものは美の世界においても讃えられていいのです。私達は単純性と美との間に深い結縁があるという摂理を感謝せねばならないのです。この福音を教えるものは民藝なのです。

第六は協力性の美をここに見出すということです。近世の美術品は作者の名を誇ります。他の誰にもできないような仕事であってこそ個性の表現を示すものだと考えられます。それ故仕事は自己の名において作られるのです。ですが元来かかる習慣は個人主義が発生した後の現象で、誰も知る通り、東洋でも西洋でも昔はどんな優れた作にも名は記してありません。宗教時代のことでしたから、吾が名を誇る気持ちはなかったのです。民藝の世界に来ると再び無銘の領域に来るのです。作者は一々自己の名を記しません。このことは作者の不浄な野心や慾望を拭い去って、それを無心な清浄なものにしてくれるのです。しかもそれは大勢の人の協力の仕事なのです。これは工藝の性質自身が要求することなのです。焼物の例を取れば轆轤《ろくろ》を引く者、削る者、描く者、焼く者、各々持ち場があって、それ等の人達が協力して仕事が完成されるのです。民藝品は個人の所産ではなく、多くの人の協力的所産だということに大きな意義があるのです。将来の美学は、個人で美を産むということより、大勢で協力して美を産むということの方が、もっと大きな理念だということを教えねばならないと思います。個人の名誉よりも全体の名誉をもっと重く見るべきです。それ故人々は無銘品の価値をもっと見直さねばなりません。

かくして私は民藝品の最後のまた最も重要な特色について語る場合に来ました。それは国民性ということです。民藝は直ちにその国民の生活を反映するのですから、ここに国民性が最も鮮かに示されてくるのです。ですから民藝に乏しい国家があったら、それだけ国民的特色が弱い国なのを暗示します。それ故強大な国家を形造ろうとする国民は、民藝の発達を企図せねばなりません。これなくして国民的表現はないからです。そうして一国の民藝はさらに地方的工藝に依存してきます。ですから地方的工藝の存在は重大な意義を有ってくるのです。地方こそは特殊な材料の所有者であり、また独特な伝統の保持者なのです。国民的伝統の上にこそ、強固な国民的美が発露されるのです。

工藝は国民的でなければなりません。しかも国民的なものは互に反目するものではないのです。興味深いことには国民的な作品ほど普遍的要素を含むものはないのです。最初から国際性をねらったものは、結局どこの国のものにもならないでしょう。これに反し国民的なものは、どこの国のものとも並在し調和する国際性を有っているのです。かかる意味で将来の美は国家的でなければなりません。そうして国家的なるものを互に尊敬し合うことに将来の世界の平和があると思います。民藝の美学は私にかかる信念を呼び起してくれるのです。

挿絵小註

手許にある写真から二十種ほど取り上げました。そうしてなるべく当時たくさんできたありふれた品を選ぶことにしました。これ等のごく並のものが、並ならぬ美しさを有つことを語るためです。そうして読者にこの平凡な世界をもう一度見直してもらいたいためです。これ等の挿絵が言葉よりももっと直接に、民藝への理解に役立つことを望んでいます。

第一図　湯呑

第1図

これは数多くでき、全国に流布された伊万里《いまり》焼《やき》の一つです。どこの窯か定めることができないほど、この種のものを作った所が有田地方には多いのです。一般に猪口《ちょく》と云われているものの兄弟ですが、時代はやや古いように思われ、少くとも化政の頃までは溯るでしょう。このような形の湯呑は一系統をなしていますが、今日残存している種類はそうたくさんではありません。形が実に美しく模様のとり方が申分ないと思います。それに並呉《ご》州《す》の味が一段と色合に渋味を加え、もし番茶道でも起るとしたら、早速に取り上げられる品でしょう。日本の染附《そめつけ》も多種多様ですが、味から云って私はこのようなものを第一に推したい気がします。ですが作者は何れも無名の人達です。そうして一人や二人ではなく、方々の窯でたくさんの職人が、色々に描いているのです。そうしてその何れもがほとんど例外なく美しいということは、驚くべき事実と云わねばなりません。時代が降るにつれて、この事実が乱れてきます。時代と工藝とは離すことのできない問題です。丈一寸八分、径二寸一分。日本民藝館に陳列。

第二図　聖徳太子

第２図

勝鬘経《しょうまんぎょう》を講ぜんとする上宮太子。太子の御影は古い絵や彫刻になかなか立派なのがあります。多くの藝術家はこの無類に賢明な太子を、好んで題材に仰ぎました。でも後の世になると甘い弱い優男の太子に落ちてしまいます。太子への見方が弱々しいものになった証拠です。ほんとうの信仰があったら、もっと切実な迫る御影を生みそうなものです。疾《と》うに喪《な》くした立派な確かな御影を、民間で人知れず取り戻したのがこの一像です。素敵《すてき》な木彫ではありませんか。一世を背負う太子なのです。姿勢に威厳があって、表現は無類に鋭いのです。中世時代の基督《キリスト》像にもこんな強いのがありますが、近世の甘い姿と比べて、昔は信仰に真実なものがあったことを示します。民間の信仰に甘さはないのです。どこまでも真面目だからです。

時代は少くとも室町位まで溯りはしないかと思われます。永い間誰かの信心を集めたと見えて、香と燈明との煙に燻《くす》ぶり、色は漆のように黒いのです。丈一尺二寸一分の立像ですが、ここには頭部だけを示しました。この無銘の一傑作をさらに鮮かに印象づけたいためです。もとより木彫です。日本民藝館蔵。

第三図　鳩

第3図

私の知る限りでは、時代も古くまた図相にも特色ある小絵馬としては、陸中のものが第一です。南部領のこととて必然に馬の図が多いのかと思いますが、しかし狐だとか虎だとか鶏だとかの題材も稀に見出します。その稀なものの中に鳩を画題にしたのがありますが、筆の跡を見ると随分数多く描いた図に違いありません。この種の小絵馬は古くは寛文から、元禄、正徳、享保、寛保あたりまで年記の入ったのがありますから、それ等の時期に土俗的な絵としてその地方に流布されたものと思います。絵の美しさから云って全国の小絵馬の中でも出色のものです。民画として見ても実に代表的なものであって、無名の画工であってこそ生み得る美しさだとも云えましょう。時代の雰囲気や、伝統の力が、危げのない美しさを守っているのです。名画でない名画と呼んでもいいでしょう。普通の画工がこれほどまで描き得るということは驚嘆に価いすると思います。そうしてさらにその当時のこれ等の小絵馬に醜いものが決してないという事実こそ、吾々に三省を促すものではないでしょうか。村の名もない描き手が画いた仕入の安絵だということが、かえってこれ等の絵の価質を保障してくれるのを興味深く思います。日本民藝館蔵（現在、所蔵者不明）。「工藝」第十七号にはこの種の絵馬が数多く挿絵に入れてあります。

第四図　布袋市右衛門

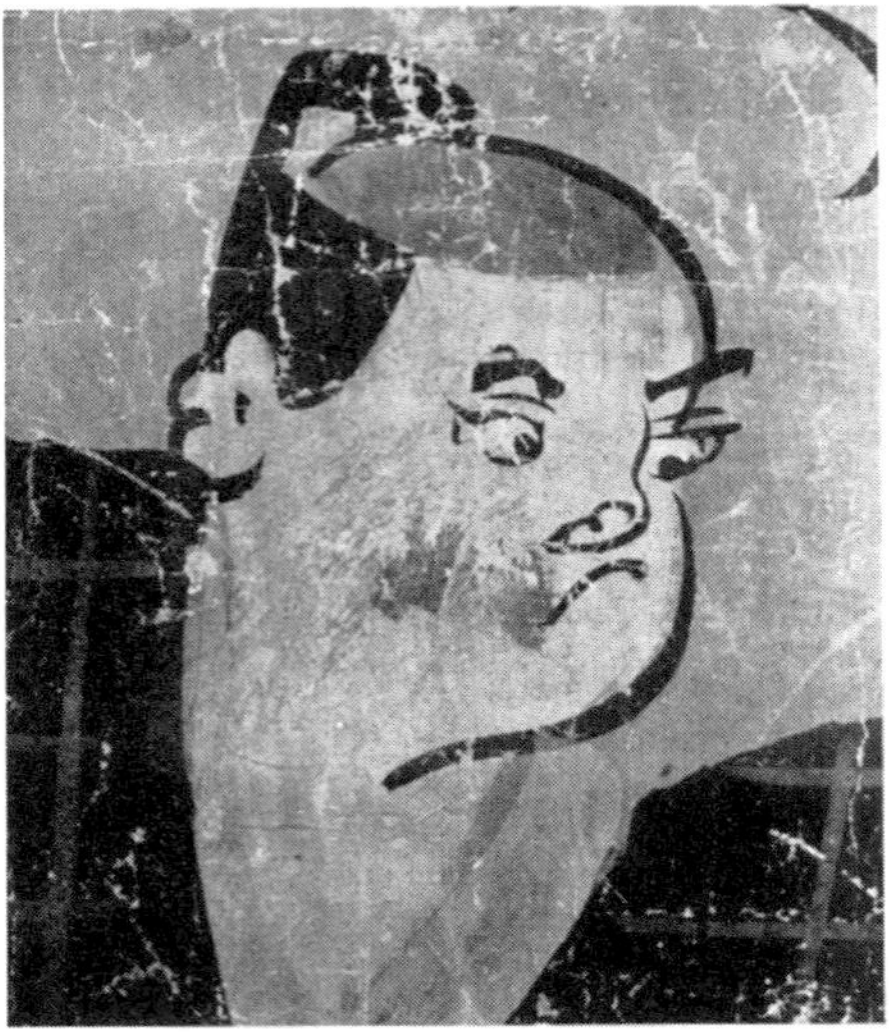

第4図

大津絵《おおつえ》であって、いわゆる「五人男」の一人、布袋市右衛《ほていいちえ》門《もん》を現わしたものです。この名称が出たのは元禄十五年のことで、当時大評判だったので民間の画題にもなったのだと思います。ですから宝永、正徳頃のもので、大津絵としては古い方です。一種の諷刺画であって、徒《いたず》らに威張る者への皮肉を意味したのでしょう。「父母一家等を泣かし、心を痛め苦めたるつはもの故、人のよけて通すを、強いと心得たる弱者なり」と註したのがあります。いわゆる「雁金組《かりがね》」の伊達男《だておとこ》で、「露の命を君にくれべい」と切り出すその姿です。足をふんまえ、腕をまくり、こぶしを握り、片手には刀を持つ風情です。表現がとても活々と描き出され、簡略な線に、すべてを描き尽しているのです。特に眼の表情の如き素晴らしい出来と思います。美しさを一段と鮮かに浮び出させるために、顔だけ大きく掲げました。

大津絵は名称が示す通り大津の産ですが、逢坂山から京につづく道、大谷、追分あたりでも描かれ、旅人に売った土産絵です。古くは仏画でしたが、漸次世俗的な画題に入り、諷刺の意を帯び、中期に入ると道訓的な性質のものとなり、末期にはつまらぬ戯画に陥りました。一番盛であり絵としても立派なのは初期の作で元禄前後のものです。しかし残るものがはなはだ少く今では珍らしいのです。よく見かけるのは中期以後のものが主で格が下ります。初期のものは皆半紙二枚つぎで、これに黄土を塗り、その上に様々な色で描いてあるのです。山本為三郎氏蔵（現在、アサヒビール大山崎山荘美術館蔵）。柳宗悦著「初期大津絵」参照。

第五図　こぎん

第５図

これは津軽地方の百姓の女達がこしらえた刺子《さしこ》です。男も女も着ますが、土地では「こぎん」と呼んでいます。こぎぬ（小衣）の転訛だと云います。これに類したもので「菱刺《ひしざし》」と呼ぶものが南部地方に見られます。「こぎん」は津軽地方の地理的分布により二三の系統に分れます。ここに掲げたものはいわゆる「東こぎん」と呼ばれるものの一種ですが、このように、縦模様のものは珍らしいのです。紺の麻を地にし、その目を拾って白の木綿糸で刺してゆくのです。それ故全く数的秩序から成っているのです。この種の刺子が、ほとんど他の国に見られないほどの発達を示したことは不思議です。北方の産故、何かアイヌのものと縁があるようにも想われますが、二つの点で大変違っているのです。アイヌのものには曲線がありますし、また刺し方は一々目を拾いません。しかるに「こぎん」は直線のみで、目を拾ってゆく整然とした数的模様なのです。仕事としても立派で、幼ない時からの習練がここまで技を導いてくるのです。模様にはなかなか変化多く、それぞれに方言の名称があるのも興味深いことです。東北は土俗的に色々面白いものを有《も》っていますが、品物としては「こぎん」の如きは、有数なものの一つに数えられていいでしょう。「工藝」第十四号はこれ等の刺子類を、まとまって紹介した最初のものです。民藝館には数多くの品物が保管されています（現在、個人蔵）。

第６図

第六図　踊着

琉球の織物は大体二つに分れ、一つは絣が中心をなし、一つは浮織が主になります。前者は起原を印度《インド》に有ち、南の島々を伝いついに琉球に来て美しい花に咲き切ったのです。一方は支那系統のもので、これが南洋の島々にも入り、また琉球でも栄えたのです。浮織は沖縄では「はなうい」（花織）とも呼んでいますが、もとより首里で一番立派なものができました。多くは絹です。ですがこの浮織系統のもので一番地方色が鮮かで、かつ特色のあるものは、読谷山（よんたんじゃ）地方の木綿織です。着物にも踊着にも手拭にも試みられました。色糸を用いますが、中でも赤糸が好んで用いられ、紺の地と相応じ、美しい調子を見せてくれます。そうしてしばしば絣と結びつきました。

ここに掲げたものはその地方の踊りに用いるものです。よく浮織の特色を活かした一枚です。どこにも誤りのない確かな出来なのに打たれます。田舎の女達が織ったものに過ぎませんが、彼等に新しい知識は欠けていようとも、確かな本能の導きが、彼等を決して誤らせはしないのです。大きさ縦二尺五寸八分、両肩巾一尺二寸二分。日本民藝館蔵。同協会出版「琉球の織物」参照。

第七図　型紙

第７図

琉球の工藝と云えば、誰もすぐ「びん型」を想い起すほどに、この型染はあらゆる讃辞を身に集めました。色が美しく模様が麗わしく、技がまた素晴らしいのです。これをこそ染物の染物と呼んでいいでしょう。糊引のものもありますが、大部分は型染なので、したがって型紙が見事な発達を遂げました。ここに掲げたのは好個の一例です。彫りも渋引も糸づりも皆琉球でできたのです。後になって伊勢白子のものが渡ったのですが、琉球出来の方が段違いに美しいのです。それも古い方が格があって美しさも深いのです。

この一枚は梅とか竹とか、模様としてはごく平凡なものですが、この平凡なものをここまで美しく高めたことは非凡だと云えるでしょう。縦模様になっているのはそうたくさんは見られません。型紙の大きさには大中小あるのですが、これは中に属します。このようなものが何年頃栄えたか明確ではありませんが、恐らく一番隆盛だったのは今から百五十年位前のことかと思います。仕事は明治時分まで続いたのですが、この優れた染物も需用者が減って、さしも盛《さかん》であった首里に今は一軒も技を継ぐ者がいないのです。実に遺憾この上ないことに思います。巾一尺三寸五分、縦九寸。日本民藝館蔵。「工藝」四九及五〇号参照。

第八図　茶臼

第 8 図

茶臼《ちゃうす》も色々あるでしょうが、私が見た中ではこの系統のものが最も優れているように思います。形が健全で、盛り上っている浮彫も立体感を強めています。「茶」に使うものはとかく趣味に陥って、かえって美しさを乏しくしているものが多いのですが、恐らく重く堅い石の性質が、そんな病弱さを寄せつけないのではないでしょうか。ここでは石の性質が十分に働いていると思われます。大体朝鮮などと違って、日本には生活に使う石工品は大変少く、器物に取り入れられたものははなはだ稀です。茶臼の如きは必然に石を求めるところからきた例外です。この実用性ということが、器物を健全にさせる大きな原因であることは云うまでもありません。浮彫も単なる装飾ではなく、その中に棒を通して廻すので、丈夫にするために実用に基いてふくらみを与えているのです。

上部径五寸、台巾手ごと一尺六分。日本民藝館蔵。これは四国の産と思われます。

第九図　霰釜

第9図

「茶」では釜をやかましく云います。「名物」に列しているもの少くありません。ですが真に美しいものがどれだけあるでしょうか。私はそれをはなはだ疑うものです。多くは趣味に過ぎていて正しい形を有《も》っていません。厳しく選べば残るものはほんのわずかよりないでしょう。茶人がやかましく云う釜に「霰釜《あられがま》」と呼ぶものがあります。一つの様式として広く流布せられ、今も続けて作ります。ですが名のあるその釜も真によいものがどれだけあるでしょうか。この一個は津軽で見出したものですが、北国の産だと思います。私達は霰釜の中でこれほどに見事なのを見たことがありません。霰がいつものよりずっと大きく荒くまた少いのです。どこにも茶趣味の跡がなく、農家で炉に用い、湯をわかすのに使った鉄釜です。民器としての力が活々《いきいき》しているのを感じます。かえって霰釜としては原形に近いとも考えられ、それだけ美しさも確かです。これなら喜んで「茶」に使えます。新しく「名物」に列せしめていいではありませんか。丈七寸五分、腰巾九寸。日本民藝館蔵。

第一〇図　湯釜

第10図

恐らく一番平凡な釜の一種でありましょう。今でも少しく田舎に入れば、このような釜をたびたび見かけます。余りありふれているので誰も気に留めませんが、もっと見直されていい品だと思います。少しも無駄な所がなく、形が豊《ゆたか》で温く、今の痩せがちな品物とは大変な違いです。こういう釜から教わる大切なことの一つは、こういう豊なものを不断使いにしていた暮しのことです。進歩を誇る吾々の場合を顧みると、いかに生活に取り入れている器物が病弱なものなのかに気附かないわけにゆきません。美の内容から推し量ると、今の文化度がとても低くなったのを認めねばなりません。ごく当り前なものが美しくならない限り、暮しの向上はないのです。平易の中にこそ美が溢れねばなりません。ですから健全な民藝の時代をおいて、健全な国民生活はないはずです。私がこのような品物の価値を振り返るのは、吾々の生活を豊富にしたいからなのです。すべての日常の器物をこの程度まで豊にすることができたら、真に素晴らしいことなのです。華美なものや豪奢なもので美を示す如きは、むしろ小さな出来事に過ぎません。これに反し、ごく当り前なものに美を盛ること、さらに当り前なものでなくば示せない美を捕えることは、大きな仕事です。凝った茶釜などに「茶」を沈めるより、もう一度この平易な健全な品にまで「茶」を戻す方が至当と思います。鉄製、丈一尺。蓋はもとより木ですが、形が簡素で美しく、この釜をさらに美しい釜にさせています。日本民藝館蔵。

第一一図　経机

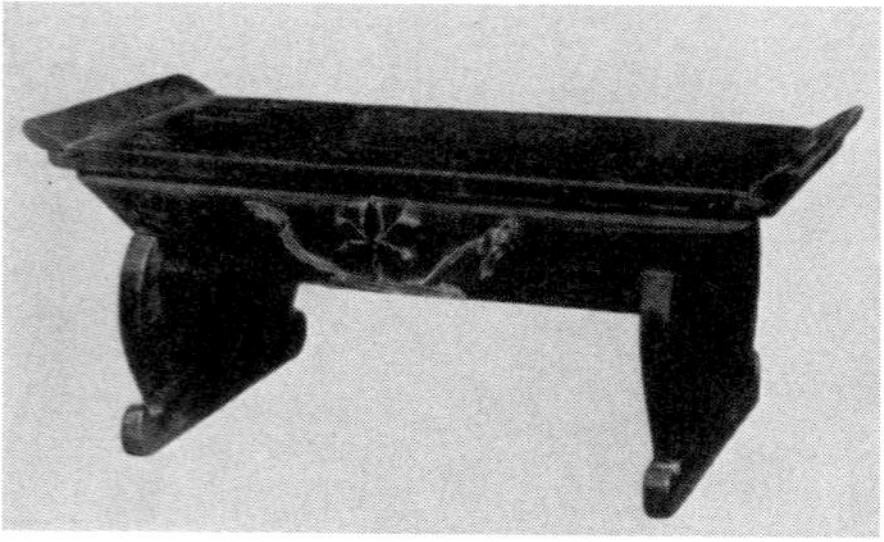
第11図

一小品に過ぎませんし、簡素なものですが、全体の形がよく、足もよく、また蓮花の浮彫が美しいと思います。経机として在家で用いたものでしょうか。恐らく仕入品ではなく、注文に応じたものかと思われます。仕事に心が入っているのを感じます。誰もこれを床に置いて香をたきたい心にかられるでしょう。

大作でもなく、高価なものでもありませんが、こういうものから貰い得る真理は決して少くありません。美の法則はここでも眠ってはいないのです。地上で貧しいものは、しばしば天国では豊《ゆたか》なものとなるでしょう。謙虚とか簡素とかいうことは道徳のことばかりではなく、美のことでもあるのです。こういう道を歩くならば、徳は傍らを去らないでしょう。日本民藝館蔵。巾一尺六寸七分、丈六寸九分。

第一二図　印箱

第12図

小品に過ぎませんが、心を尽した仕事の跡に打たれます。大切に印鑑を守護すべき役割を勤める箱ですから、それに相応《ふさ》わしい堅固な装いを与えています。隅々に至るまで添えた鉄金具は用途の上から親切に考えられた仕事であって、単なる飾りではありません。それがためかえって美しさを増す所に工藝の不思議な性質があると思われます。形が引きしまって無駄がありません。別にこれとて変った所のないただ四角な箱ですが、何か誠実なきちんとした美しさを感じます。蓋の上には㊤の屋号があり、そこにたがね彫で文政二年三月吉日と刻してあります。その蓋を開けると、左には肉池《にくち》、右には印房があります。小引出しは図の如くです。今でも作ればできるはずの品ですが、今の人は作れても作ろうとはしません。それ故今はもうできないのです。私共は何も同じ形のものを今も欲しいとは思いませんが、親切を尽した仕事だけは当然今だってほしいと思います。栗材、鉄金具附。高さ六寸一分、奥行六寸四分、巾五寸三分。河井寛次郎蔵（現在、河井寛次郎記念館蔵）。

第一三図　絵漆椀

第13図

　これはアイヌが用いていたものだと聞きましたが、産地は陸中で江戸時代に海を渡ったものと思われます。いわゆる南部椀《なんぶわん》の一種と見做してよいでしょう。秀衡椀《ひでひらわん》と違って金箔が施してありませんし、絵の描きぶり等からして当時の安ものだったに違いありません。模様は鶴と亀とが相向って描いてありますが、松や竹を間にあしらってありますから、例の蓬萊《ほうらい》模様だと思います。筆の跡を見ると実に手に入った仕事で、随分《ずいぶん》描き慣れた模様だったに違いありません。そのため至り尽すまでに簡略にされて、なくてはならないものだけが残った感があります。実に妙味の尽きない作品だと思います。こういう品物は全く数多く無心に描く安ものの功徳だと云っていいでしょう。かえって上等品のどうしても到達することができない境地だと云わねばなりません。絵は黒地に紅柄で描いてあるのです。山村耕花氏蔵（現在、日本民藝館蔵）。巾四寸六分、丈三寸一分。色摺が「工藝」一〇二号に載せられています。

第14図

第一四図　箔紋椀

これは秀衡椀と称せられているものの血を受け承《つ》ぐものです。絵はありませんが、金箔で菱形の模様を配してあります。そのためずっと単純化され、一段と元素的な美しさに帰っています。時代は徳川中期位には溯りましょうか。陶器が普及しない頃は、このような漆器は、食器の主要な位置を占めていました。見れば形でも模様でも品位があり、末期の病弱なものとは違って、どこにも無駄はありません。この種の漆器は、あるいは上等の部に属したかも知れませんが、簡素な模様や、手法の単純さは、上等のものにまつわる華美に染まることなく、作物をずっと豊《ゆたか》に活々《いきいき》させています。それに時代の背景がその美しさを保障しているのです。工藝にとってはかかる背景が、極めて重要な働きをなすことを見逃がしてはならないのです。昔のものに悪いものが少く、今のものに良いものが少いのは、そもそも何に原因するのでしょうか。一番反省せねばならぬ事柄だと思います。工藝の仕事は個人の力では背負いきれないものがあるのです。径三寸六分、丈二寸九分。中尊寺蔵。

「工藝」第一〇二号参照。

第一五図　塩壺

第15図

これは丹波の立杭でできる塩壺です。明治始め頃の製品かと思いますが、今でも仕事は続いています。当時は数銭のものだったでしょう。柿釉の上に鉄の黒を流してあるのです。この手法は日本で特に愛されたものですが、立杭のは流し方に特色があって、流し始めに当りがあり、またそれが連続してゆくのです。竹を使って流します。今も繰返されて作られますが、恐らく焼物のうち一番下もので、近畿地方ではどの店でも買えたものです。あの古丹波は早くから茶人間に玩《もてあそ》ばれましたが、このような品物は一層美しさが自然で、なおも簡素で、渋さの美を示す代表的なものです。これこそ真の茶器以外の何ものでもないと云いたいのです。これが三百年以前に在ったら、今は金襴の衣に包まれて「大名物」と銘打たれているのは必定です。私は飽かずこれを眺めます。

　大体丹波の窯は、見てはみすぼらしいもので、全く朝鮮式の細長い一室の窯で、丈も至って低いのです。ですから焼かれるものも質素極まるものですし、かつ土の性質とても上等ではありません。しかしこういう不自由が、かえって人間の誤りを封じるのに役立っているのです。貧しさが人間をよくする場合と、丹波の焼物が美しくなるのとは、同じ原理が働いているのです。寸法、胴巾四寸五分、丈四寸六分。日本民藝館蔵。「工藝」第八九号参照。

第一六図　大皿

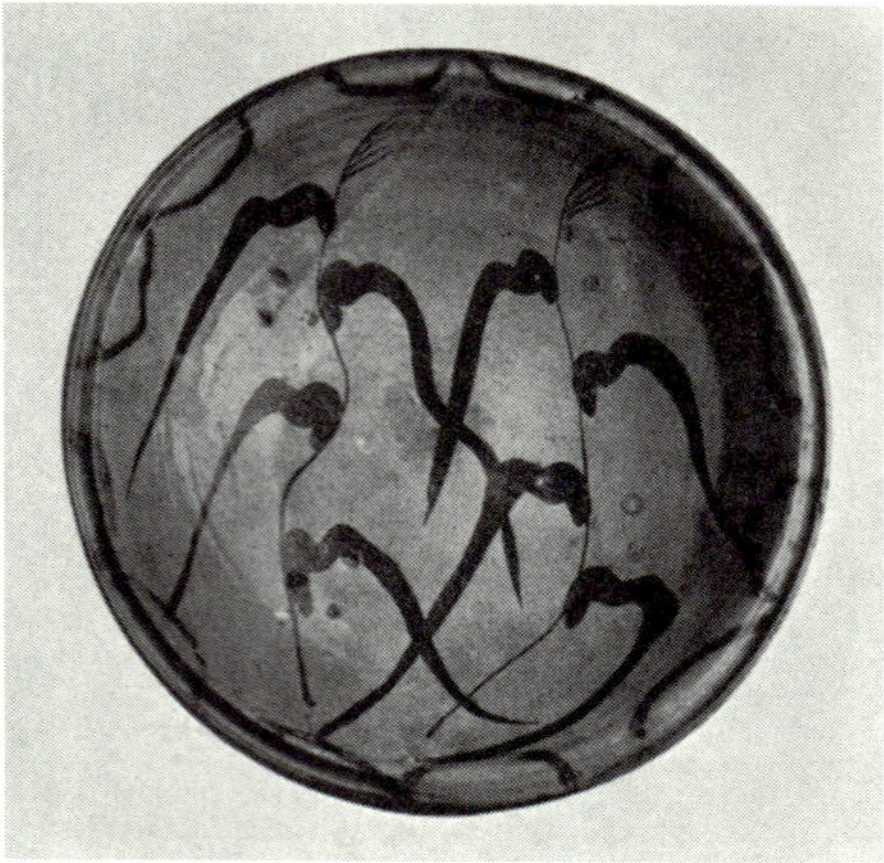

第16図

　これは台所で使う大皿の一種であって、産地は美濃国で、恐らく化政頃までたくさん焼かれた品と思われます。模様は一つの様式をなしていて、皿や鉢に好んで描かれました。絵はいつも鉄の黒ですが、これに緑釉で半円の流しを縁に沿うてかけるのが約束です。恐らく志野《しの》と織部《おりべ》とが一緒になって、雑器に降りてきた跡を語るでしょう。この種のものが近頃笠原《かさはら》とか大萱《おおがや》とかでたくさん窯跡から見出されましたが、このように伝世の品で、残っているものはたくさんはありません。

誰にでも気づかれるのは描かれた絵の美しさです。筆致が奔放でしかも確かな点で、どんな名筆の前に出ても引けはとらないでしょう。幾許《いくばく》の著名な陶工がこれほどに描けたでしょうか。これ等の品は無銘品であるばかりに、今日まで誰も顧みる者がなかったのです。このことは今の鑑賞界が、ものを観る眼を失って、ただ名や由緒で見ていることを語ってはいないでしょうか。もし充分に直観を働かすことができたら、幾多の名器が匿《かく》れたところから現れ出ることでしょう。この皿の直径は一尺二寸五分です。日本民藝館蔵。

第一七図　捏鉢

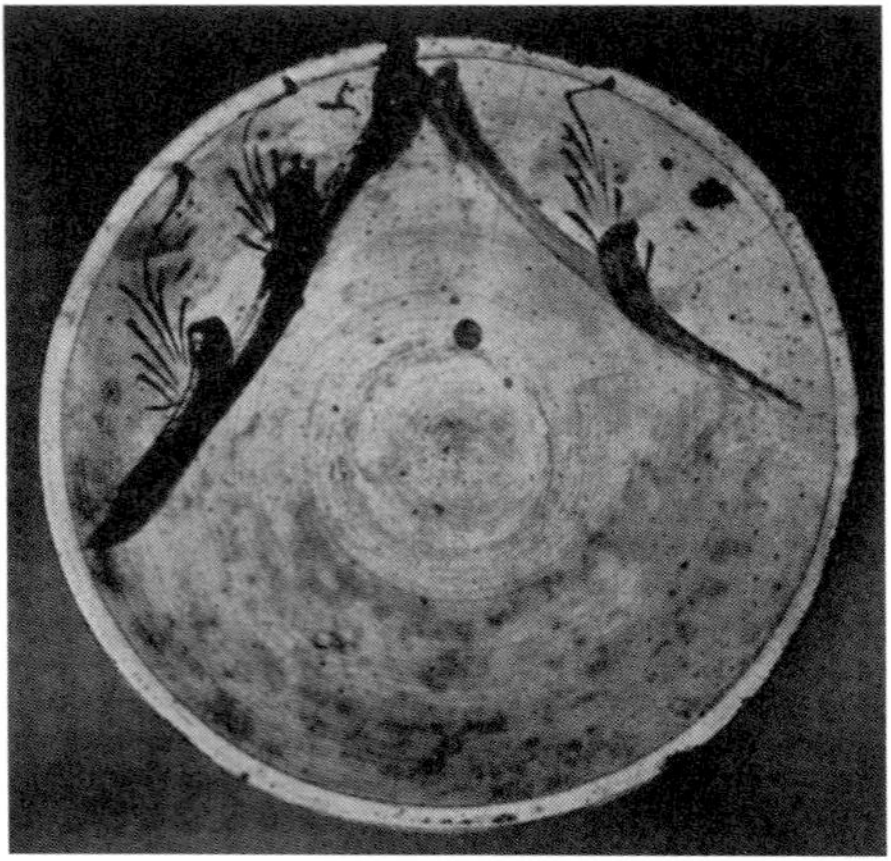

第17図

これはうどん粉を捏《こ》ねたり、餡《あん》をねったりするのに用いる捏鉢《こねばち》です。大きさはなはだ大きく、直径一尺六七寸、深さ五寸ほど。日本でできた焼物の鉢類としては最大なものです。何れも白絵掛けして、鉄や飴で大まかな絵を描き、これにしばしば緑を差します。このほかすべて緑釉のものや、また櫛搔に流釉のもの等色々試みられました。手法は朝鮮に遠く原因を有《も》つものです。九州西半、特に肥前を中心としてこのような捏鉢がたくさん作られました。時は徳川中期から明治始めにかけてであると見て大過はないでしょう。

模様は多くは松の絵です。ここに挿絵として入れたものは、巌上の松なのです。非常に数多くまた手早く描くために、ここまで図が略化されてくるのです。自由さも強さもすべてねらったものではなく、自然に湧いてきた力なのです。これほど大まかな放胆な図も、他にそう多くはないでしょう。これは忙しく働かねばならなかった職人達にのみ許される不思議な美しさなのです。私は美しさから云っても大きさから云っても、このような巨大な作を日本窯藝史に少しも語らなかった史家の不注意と盲目とを許すことができないのです。この種の捏鉢を明治頃まで続けて焼いたのは筑後の二《ふた》川窯《がわよう》でした。大正の頃途絶しましたが、昭和になって再び復活しました。岩井武俊氏蔵。「工藝」第三三号参照。

第一八図　行燈皿

第18図

これは行燈《あんどん》皿であって、火皿とも油皿とも呼ばれています。置行燈の中に敷く平な皿で、油の垂れを受けるためです。幕末から明治の始めにかけ、主として東は駿州あたりから西は近畿にかけて、流布された焼物です。窯は尾張であって品野《しなの》や赤津《あかづ》で一番たくさん焼かれたようです。広く民間に使われたもので、当時多量に製産した代表的な品物です。描かれた模様は実に様々ですが、亭のある山水のもの最も多く、鳥や虫や樹や花や色々のものが取り容れられました。何れも鉄絵です。これに織部《おりべ》風な緑釉をかけたものもあります。種類が多く蒐集家の心をそそるものです。

誰にも気づかれるのは描かれた絵の美しさです。面が平だということが絵を誘ったのでしょう。そうして数多く描くということが、筆を熟達させたのです。ここに選んだものは真に卓越したものです。どんな著名な陶工がこれほどまでに筆を自由に素直に運び得たでしょう。仁清《にんせい》とか乾山《けんざん》とかばかりに高い位置を与えて、これ等のものを無視してきた歴史家の鈍重さを、私は許すことができないのです。作者は無学な工人達ですが、自然に対する素直な心と汗多き仕事の無数の反復とが、この驚くべき境地に彼等を誘ったのです。直径七寸四分。日本民藝館蔵。「工藝」第七二号は行燈皿の号で多くの挿絵を入れてあります。

第一九図　水滴

第19図

窯は瀬戸《せと》です。日本の水滴《すいてき》では瀬戸が一番です。その瀬戸の水滴の中でこの種のものは一系統をなしていて、形は正方形、模様は浮彫です。面白いことに、竹に虎とか、梅に鶯とか、対句をなした模様が多く、かつそのうちの一つをしばしば文字で現わしているのです。時としてはわずかな鉄をまた稀には緑をこれにさすのが習慣でした。

水滴といえば朝鮮がその王国ですが、こういう和ものに会うと日本の水滴をも祝福せずにはおられません。強くて渋くて、色も味も深々としています。竹の模様も要を得、虎の

恐らく文字も充分に絵にまさる効果を示しています。何れも活々して迫るようです。でしょう。型でたくさんこしらえた安もので、どこの家庭へも寺小屋へも入った品でしょう。すが立派なのです。堂々とさえしているのです。こういう物を不断使いになし得た当時の社会や暮しのことが想い出されます。今はなぜ易々《やすやす》と立派なものが生めないのでしょうか。暮しそのものが小さくなり、神経質な病弱なものに陥ってしまったからではないでしょうか。寸法は巾三寸、奥行二寸余、高さ九分ほど。日本民藝館蔵。「工藝」第四八号参照。

第二〇図　民藝館の陳列㈠

第20図

民藝館についての委細は、本文に記してあります。その歴史や場所や性質や趣旨等については重複を避けてここには述べません。

この写真は玄関内の広間を階段の上から撮ったのです。館は見られる通り和風の木造建築で、光りはすべて障子を通します。床は大谷石で張りつめてあります。前に見られる焼物の大壺と鉄製の大甕とは朝鮮のものです。入口にある大鉢は高取《たかとり》のもの、掛けてあるのは江戸時代の看板、その左上にあるのは庫戸の大金具。奥の部屋には床の上に肥前の捏鉢がわずかに写っています。

これは民藝館のわずか一部の場面に過ぎませんが、不断《ふだん》は古陶磁や、新作陶磁、朝鮮の品々、絵画、染織、木漆工等を、室を分けて陳列しています。しばしば差替をしますし、時としては全館を用いて一系統の会を開きます。大体、一ヵ年に五回ほどの陳列替があるわけです。美術館としては恐らく最も多忙に仕事をしているでしょう。

第二一図　民藝館の陳列㈡

第21図

民藝館の大広間では、大概二ヵ月おきに、特殊な展覧会を開きます。開館してから五年近くの今日、数えると随分《ずいぶん》たくさんの大きな会を開きました。この会場はいつも活動の中心です。

ここに並べたのは東北六県の農村で現に用いている民藝品の一部です。壁に掛っているのは「ばんどり」といって、重い荷を背負う時の背中当です。羽前庄内に限る特別な品です。もっとも背中当としては各地に各様のものがありますが、庄内ほど見事な入念なものを作る地方はありません。形にも変化があり、編み方も丹念で、材料も様々です。農民工藝として恐らく世界のどの国に出しても引け目はないでしょう。多くの人はかかるものの存在を知りませんけれど、特に注意されていいものの一種です。下に並んでいるのは主に藁鞋《わらぐつ》です。日本で平安朝以来の靴の形は、こういう東北の藁鞋にだけ残っているのです。編み方に実に見事なのがあります。多くは藁ですが、蒲のも見かけます。雪が深い地方のことと て特にこのようなものが必然に要求され、今も形をくずさずに残っているわけです。平に並べてあるのは主に「はばき」で、脛当《すねあて》の脚絆《きゃはん》です。これは集めると実に色々なのがあって、材料の種類もまた多様です。時としては模様をあしらってあるのがあります。何れも実用からきているので丈夫を旨として作られています。そうしてどこにも他国の模倣はなく、土地から生れ出たものばかりです。

以上、数は余り多くありませんが、民藝館所蔵の品を中心に一と渡り各部門の例を挙げました。これ等の挿絵によって、ほぼ私の云う民藝の美が、いかなる性質のものであるかを、具体的に知られたことと思います。健康にしてしかも国民的なものが、かかる民器に最もよく示されているという事実を、これによってよく了解されたかと思います。本文と合せてこれ等のものが、読者の心に新しい情愛を呼び醒ますなら幸いこの上なく思います。

nationalistic works go side by side with those of any other nations and show harmonious internationalism. In this sense I insist that future beauty should be deeply nationalistic. By respecting other nation's nationalistic elements, peace will be brought in the future. Æsthetics of folk-crafts bring me to this conclusion.

Kindly translated into English
by Mrs. K. Yamazaki.

should be esteemed higher than the honor of an individual. People must find more value in anonymous works.

Now I come to the last and most essential quality of folk-crafts, its nationality. As folk-crafts directly reflects the national life, national life is clearly manifested on it. A nation with poor folk-crafts suggests its lack of nationalistic traits. The progress of folk-crafts will form the strong nationalistic sentiments which are the fundamental element of a strong nation. Folk-crafts are a method of nation's expression and also it depends on the local crafts. Here again the local products should be looked up with a new light and importance. Special materials and unique traditional manuals exist only in local districts. Upon national traditions only blooms the national beauty.

Crafts should be nationalistic and nationalistic works do not glare one another. The greater the national tendency is in the work, the greater are the common and congenial elements. The works which aim internationality from the beginning after all, do not belong to any nation and on the contrary, real

truth we learn directly from daily utensils.

As the sixth quality of folk-crafts we find cooperative nature of the beautiful things made by folk-crafts. Modern arts pride themselves of the names of the artists and their works which nobody else can do, are considered the highest expression of art. This tendency appeared after the birth of individualism as said before. We all know that in the East or in the West no names were marked on the classical works even though how excellent. In those religious periods no one had dared to be proud of himself or his name. We find again a dear circle of the anonymous in the world of folk-crafts where artists, free from impure ambition or desire, enjoy freely their creative labor as pure innocent souls. The nature of the work of folk-crafts necessitates cooperation of many. As an example, in pottery art, throwers, scrapers, painters and firemen all strive their own part to accomplish one work. Folk-crafts have an important meaning in that it is a production of a group of people and not of one man. Æsthetics in the future must emphasize on this point and teach the importance of the beauty born out of the cooperation of many. The honor of one group

beautiful in the natural state, is after all the most beautiful.

The fourth quality of folk-crafts is the outstanding quality of its healthfulness. There may be many poses of beauty, but the healthy beauty promises greatest happiness to the human society. Folk-crafts which have most practical use among arts is obliged to be made healthy. As it is the same with the man : none but a healthy body with a healthy mind can stand with labor. Comparing to this the decorative articles, far from the use and frail objects conceived out of nervous fretful minds represent the most unhealthy quality unfit to real work. We cannot allow them to sit on the seat of the beautiful. To be healthy seems to attend the will of nature herself.

The fifth quality is its simplicity. Folk-crafts should be simple and humble and this simplicity can be called a privilege of folk-crafts. Gorgeously decorated utensils may acquire a high esteem in the human world but will be treated low in the domain of God. Be the humble blessed in the work of the beautiful also! We bow low to the ingenuity of Providence in the glorious harmony of simplicity and beauty. This

cost. The large production with least cost will lead the way to higher quality of the beautiful and folk-crafts answer to this demand.

The third quality of folk-craft is its normal nature. As said before, the modern period has given birth to a wonderful variety of beauty seeking a new stimulation one after the other and has run even to abnormal states. But mankind must once more restore the proper place for the beautiful. You will find this normal beauty most abundantly in folk-crafts. Formerly in China lived a priest named Nanzen. One day one of his disciples questioned him "What is the Logos?" Nanzen answered "Every-day mind is the Logos." I feel to hear this answer from the daily utensils. I got the conclusion through my experiences and studies that the normal beauty is the ultimate criterion of the beautiful. As in the past so much of extraordinary had been valued highly, people of the present period have difficulty in finding the merit of normality. The Zen sect of Buddhism has been preaching since early time that ordinary had a deeper root than extraordinary. If the term normal lacks some familiar tone in it we may replace it with the word 'natural'. The

and further more will be the keynote to a new æsthetics. I want to give some explanations as to the qualities in the following.

The first quality of folk-crafts is its practical use. The beauty combined with use and human living has a solid quiet nature. The beauty should not be sought outside of our life but should be found inside of it. The teaching "God is in thy heart" is also the truth in the beautiful. In Japan fortunately the cult of tea ceremony has taught us this truth. The cult may be called an æsthetics of our daily life and shows us the beauty in utensils and in the way of handling them. Great masters of the cult of tea ceremony chose utensils without exception the works of folk-crafts.

The second quality of the folk-crafts is its low cost. Its practicability necessiates the large production and low cost. These conditions have been considered to lower the merit of beauty but it is a grave confusion : large production with less cost gives more chance to the birth of real beauty. Folk-crafts are unmistakable examples. Least production with high cost is not satisfactory also from the social standpoint, and is against our ideal to make more beauty with least

of being every-day utensils? The value of their simple and humble qualities should be once more taken up and examined. In religion this truth has been taught from early times. Jesus loved to talk with ignorant fishermen and farmers rather than proud Pharisees and liked company of humble women. He predicted that innocent children are more suited for the kingdom of God than the rich. St. Francis of Assisi esteemed the virtue of poverty more than any other virtue. In Buddhism and Taoism, deepness of the innocent soul is praised. This plain truth is also the truth in the world of the beautiful. Folk-crafts represent modest, humble and innocent souls in the world of utensils. I am not treating the question of the beautiful from my own personal view but am trying to explain it with the truth so many great religious characters had lived to prove by their lives. Strange to say, mankind had so far several sacred books of religion but none of the beautiful. So mankind has lost their aim of the beautiful.

Then what is the real qualities of beauty of folk-crafts? The answer to this question defines the true nature of beauty and the criterion of the beautiful

they were considered as high class art of great value. On the other hand folk's utensils were despised as low artistic quality. But is this the right standard of the beautiful? Is the aristocratic craft the high way of crafts?

I think this partiality to the aristocratic works has originated from individualistic attitude of giving fine art superior place to practical art. Fatal defects in the aristocratic crafts are excessive decorations, unnecessary technic, too complex form and obtrusive colors. These altogether diminish the artistic effect of the work to a helpless state. These are a sickly phenomenon of craft going far from its utility and becoming a show object. We cannot find the main current of handicraft here either. Then we clearly see what positive value the utensils of our ordinary people, folk-crafts have in the sphere of the beautiful, although they have been despised. Folk-crafts are made by the hands of folks for their daily living. As such works are very common and are produced in large quantity, they have been considered commonplace and have been given no attention.

Can we not find positive significance in this nature

labor and strict moral of the work predominate. I think it is proper to let handicraft represent the practical art.

Not from æsthetic point of view only that I say practical art will gain greater significance than fine art in the future for the former has greater social significance. A small number of artists produce works of fine art which are very little in quantity and very expensive, purchasable only to the limited number of the rich. This antisocialistic nature is a very weak point of the fine art for the realization of the kingdom of beauty. To try to combine the beautiful with daily life, there is no other means than to promote practical art and through which only beauty and society will be harmonized.

Within so called practical crafts there exist two different main currents, one the aristocratic crafts and the other folk-crafts. The former may be called the fine art in practical art as they are often done by an individual or a genius who accomplishes the luxurious work with the choice of materials, delicate attempts in technic, rich colors and with excessive decorations. As this kind of works is strictly limited in number,

We are not satisfied with æsthetics, which considers practicability and beauty are two contradictory natures. The object of the beautiful when isolated from use will fail to give happiness to human life.

Thus we see craft has a significant position over art in spite of its inferior merit so far given. I believe the question of craft is very important in the cultural problem and æsthetics in the future will much to do with the practical art.

Here I want to define the meaning of the term *crafts*. As we know since the Industrial Revolution practical art was divided into two fields, machinery industry and handicraft industry, pursuing two opposite objects. Although the former has, in a sense, much progressed methods, unfortunately combined with greedy commercialism, degraded the quality of commodities. As the machinery was improved more and more, it has controlled men under its mechanism and has snatched from artisans the sense of responsibility and the rapture of the creative labor. So the products are apt to be of cold-hearted charmless and poor. The proper quality of practical art is still kept in the field of handicrafts where joy to the creative

shown us are nothing but an abnormal and pathological sort of art. This kind of art may represent a kind of the beautiful and has also its raison dêtre in some periods but never happiness or raptures of mankind will be promised by it as the true art should do. Neither has this abnormal beauty the highest or ultimate meaning. It is a passing phenomenon of an transitionary period. Liberalism in the sphere of the beautiful has abolished much order and sacrificed many valuable traditions. We are not satisfied with the liberal æsthetics.

Thus lastly the concept of the fine art so far has deprived the beautiful of its practicability, separated it from daily life making it strange to mediocrity. But when we reflect upon the premediæval period we find profound beauty born from practical use. At these times paintings, sculptures and music were made for religious services and were not works of fine art which pursued beauty only. They were indispensable companions to daily life to bless and to deepen people's spiritual life. Yet their practicability hadn't spoiled their artistic merit at all. Gregorian Chant was not an amusement music.

dard of beauty and the beautiful. Deeper and profounder beauty may be found in the nonindividualistic art, rather than an individualistic art limited within a narrow self. I cannot forget the words of Meister Eckhart, one of the German Mystics of the fourteenth century.

"The word 'I am' none can truly speak but God alone."

Secondly let us consider the liberalism shown in the modern fine art. Of course we do not try to overlook an achievement accomplished by liberalism making art free, when the idea of the beautiful had become fixed through long traditional conventionalism. But very often liberalism has not been meant freedom of the true sense, on the contrary, it meant often some free willed whymsical personality. The artists' capricious behaviours have been granted as their privileges and their demands have run to the extreme. On looking over the modern art, we will be surprised to find so much of extraordinary elements in it. Many geniuses seek their objects of the beautiful among something diabolic, decadent, nihilistic and nervous, often even in vicious ugliness. After all what these artists have

has been purposely urged to their works.

These three qualities have been admired to be essential to the pure art. But here I want to think it over again whether this is the right standard of the beautiful. Can we put on these qualities the ultimate criterion of the beautiful? In the first place it may not be denied that the individual beauty consists a kind of beauty but still I wonder whether this individualism in the beautiful is the ultimate and the last object of the æsthetics. At least to regulate the beautiful to the realization of individual self seems to me a very narrow view. History has given us exquisite works of nonindividualistic nature and it still continues to give them out. Before the appearance of the individualism in art in the Middle Ages, paintings, sculptures and literature did not have an individualistic nature. Those most beautiful sculptures of Bamberg or Chartres Cathedral were not born from individualism. No names of the artists were marked on those images of Buddha of six dynasties of China, no matter how exquisite their artistic merit may be. It is the same with peasant art which is by no means a product of one genius. So the individualistic art is not the only stan-

appeared only in recent history, and before that two had meant one and the same thing *skill*, and also *artist* and *artisan*, equally *artsman*. In the modern period when individualism began to prevail in the sphere of the beautiful, the difference gradually became distinguished until at last arts and artists were graded higher than crafts and artisans.

Now the standard of the beautiful was laid on *fine art*. People used an adjective *artistic* when things were beautiful and never used *craftistic* because they felt crafts were something of inferior merit soiled by its practical nature.

Summing up the above tendencies one can understand that the utensils which had acquired public admiration were standing on the following bases.

First. They stand on individualism, that is, the conception that there isn't deep beauty existing aside from the realisation of an individual self. Second. They started from liberalism and they believed that there wasn't real beauty existing under any constraint whatever. Third. They believed that the more they pursue the beautiful only, the higher and purer will be the artistic merit, and the isolation from practicability

nomics, philosophy and literature. Liberalism based on individualism seemed to predominate in everything and also in the sphere of the beautiful it was the main force as far as the modern period was concerned. As we all know artists laid their ideal on the expression of their individual self and those who made things based on individualism were called *artists*. So in the modern society, the term *artist* has acquired a significant merit and artists were respected and given high position in the society.

The works done by those artists were named *fine art* and were classified from the work of craftsmen. Of course these artists created liberal works aiming purely at the expression of beauty based on their own personal character. And their works were also called *pure art* and considered something superior to the practical art.

Since William Morris art is devided into two terms, *arts* and *crafts*, and *artisan* was used against *artist*. Art for enjoyment and art for practical use were considered to have different value and only the former obtained all the respect and admiration of the people. The differentiation of the two terms, art and craft

NATURE OF FOLK-CRAFTS

We all are children born and fostered in the period of individualism. Since the rise of individual consciousness, several centuries have passed. The individual consciousness is said to have developed at the time of renaissance in the sphere of art, and from Descartes, in that of philosophy. Theo-centric thoughts, in the Middle Ages, became weak and changed places with homo-centric thoughts. From that time on the world history has revolved on the axis of strong personalities. We were also brought up in a school of hero-worship and heroism.

Individualism which insists on the freedom of an individual self was combined with liberalism, in eco-

LIST OF ILLUSTRATIONS

1. Cup in blue and white, Imari ware. 19th Century.
2. Prince Shōtoku, detail of a wooden figure. 16th Century.
3. Votive picture, Rikuchū province. 18th Century.
4. Otsu-e, detail. Early 18th Century.
5. Kogin, an embroidered work, Mutsu province. 19th Century.
6. Dancing costume, Ryūkyū island. 19th Century.
7. Stencil for a dye, Ryūkyū island. 18th Century.
8. Tea-grinder, a stone work. 19th Century.
9. Tea-kettle, an iron work. 18th Century.
10. Tea-kettle, an iron work with wooden lid. 19th Century.
11. Sutras-desk, a wood work. 18th Century.
12. Seal-box, a wood work with iron fittings Early 19th Century.
13. Lacquer bowl, painted in red. Early 18th Century.
14. Lacquer bowl, with pattern in gold-leaf. Late 17th Century.
15. Salt pot, Tachikui ware in Tamba. 19th Century.
16. Dish, Kasahara ware, in Mino. 17th Century.
17. Large kneading bowl, Hizen ware. 18th Century.
18. Oil plate, Shinano ware, in Owari. 18th Century.
19. Water keeper, Seto ware, in Owari. 18th Century.
20. Mingei-kwan, Museum of Folk-crafts, Komaba, Tokyo.
21. Exhibition of peasant arts in Mingei-kwan.

KODANSHA

Nature of Folk-crafts

An Essay

By

Sōetsu Yanagi

Director of the Museum of Folk-crafts

Tokyo

柳　宗悦（やなぎ　むねよし）

1889年生まれ。東京帝国大学哲学科卒。宗教哲学者，民藝運動の創始者。学習院高等科在学中「白樺」同人。日本民藝館初代館長。「工藝」創刊。『茶と美』『工藝の道』（学術文庫），『宗教とその真理』『朝鮮の美術』『陶磁器の美』『工藝文化』『手仕事の日本』『民藝四十年』『美の法門』『南無阿弥陀仏』などがある。1961年没。

講談社学術文庫

定価はカバーに表示してあります。

民藝《みんげい》とは何《なに》か

柳《やなぎ》　宗悦《むねよし》

2006年9月10日　第1刷発行
2025年1月16日　第22刷発行

発行者　篠木和久
発行所　株式会社講談社
東京都文京区音羽 2-12-21 〒112-8001
電話　編集（03）5395-3512
販売（03）5395-5817
業務（03）5395-3615
装　幀　蟹江征治／山岸義明
印　刷　株式会社広済堂ネクスト
製　本　株式会社国宝社

ISBN4-06-159779-5

「講談社学術文庫」の刊行に当たって

これは、学術をポケットに入れることをモットーとして生まれた文庫である。学術は少年の心を養い、成年の心を満たす。その学術がポケットにはいる形で、万人のものになることは、生涯教育をうたう現代の理想である。

こうした考え方は、学術を巨大な城のように見る世間の常識に反するかもしれない。また、一部の人たちからは、学術の権威をおとすものと非難されるかもしれない。しかし、それはいずれも学術の新しい在り方を解しないものといわざるをえない。

学術は、まず魔術への挑戦から始まった。やがて、いわゆる常識をつぎつぎに改めていった。学術の権威は、幾百年、幾千年にわたる、苦しい戦いの成果である。こうしてきずきあげられた城が、一見して近づきがたいものにうつるのは、そのためである。しかし、学術の権威を、その形の上だけで判断してはならない。その生成のあとをかえりみれば、その根は常に人々の生活の中にあった。学術が大きな力たりうるのはそのためであって、生活をはなれた学術は、どこにもない。

開かれた社会といわれる現代にとって、これはまったく自明である。生活と学術との間に、もし距離があるとすれば、何をおいてもこれを埋めねばならない。もしこの距離が形の上の迷信からきているとすれば、その迷信をうち破らねばならぬ。

学術文庫は、内外の迷信を打破し、学術のために新しい天地をひらく意図をもって生まれた。文庫という小さい形と、学術という壮大な城とが、完全に両立するためには、なおいくらかの時を必要とするであろう。しかし、学術をポケットにした社会が、人間の生活にとってより豊かな社会であることは、たしかである。そうした社会の実現のために、文庫の世界に新しいジャンルを加えることができれば幸いである。

一九七六年六月

野間省一

神保璟一郎《じんぼけいいちろう》著
クラシック音楽鑑賞事典

人々の心に生き続ける名曲の数々をさらに印象深いものとする鑑賞事典。古典から現代音楽まで作曲者と作品を網羅し、解説はもとより楽聖たちの恋愛に至るまでが語られる。クラシック音楽愛好家必携の書。

620

阿部筲人《しょうじん》著(解説・向井　敏)
俳句　四合目からの出発

初心者の俳句十五万句を点検・分類し、そこに共通して見られる根深い欠陥である紋切型表現と手を切れば、今すぐ四合目から上に登ることが可能と説く。俳句上達の秘密を満載した必携の画期的な実践入門書。

631

岡倉天心著(解説・松本三之介)
東洋の理想

明治の近代黎明期に、当時の知性の代表者のひとり天心は敢然と東洋文化の素晴らしさを主張した。「我々の歴史の中に我々の新生の泉がある」とする本書は、日本の伝統文化の本質を再認識させる名著である。

720

次田香澄全訳注
とはずがたり（上）（下）

後深草院の異常な寵愛をうけた作者は十四歳にして男女の道を体験。以来複数の男性との愛欲遍歴を中心に、宮廷内男女の異様な関係を生々しく綴る個性的な手記。鎌倉時代の宮廷内の愛欲を描いた異彩な古典。

795・796

久松真一著(解説・藤吉慈海)
茶道の哲学

茶道の本質、無相の自己とは何か。本書は、著者の茶道の実践論ともいうべき「茶道箴」を中心に展開。「日本の文化的使命と茶道」「茶道における人間形成」等の論文をもとに茶道の本道を説いた刮目の書。

813

山本健吉著
基本季語五〇〇選

『最新俳句歳時記』『季寄せ』の執筆をはじめ、多年に亘る俳句研究の積み重ねの中から生まれた季語解説の決定版。俳句研究の最高権威の手に成る基本歳時記で、作句の全てはこの五百語の熟読理解から始まる。

868